聆听大师
季羡林系列

# 季羡林谈翻译

季羡林 著

當代中國出版社
Contemporary China Publishing House

**图书在版编目(CIP)数据**

季羡林谈翻译 / 季羡林著. -- 北京：当代中国出版社，2016. 5
ISBN 978-7-5154-0688-6

Ⅰ. ①季… Ⅱ. ①季… Ⅲ. ①翻译—文集 Ⅳ. ①H059-53

中国版本图书馆 CIP 数据核字(2016)第 089773 号

出 版 人　曹宏举
策划编辑　王延新
责任编辑　王延新　隋　丹
责任校对　康　莹
装帧设计　姚　洁
出版发行　当代中国出版社
地　　址　北京市地安门西大街旌勇里 8 号
网　　址　http://www.ddzg.net　邮箱:ddzgcbs@sina.com
邮政编码　100009
编 辑 部　(010)66572264　66572154　66572132　66572180
市 场 部　(010)66572281 或 66572155/56/57/58/59 转
印　　刷　北京润田金辉印刷有限公司
开　　本　880 毫米×1230 毫米　1/32
印　　张　7.125 印张　1 插页　135 千字
版　　次　2016 年 5 月第 1 版
印　　次　2016 年 5 月第 1 次印刷
定　　价　26.00 元

# 目录

# 翻　译*

翻译（translation）是把已说出或写出的话的意思用另一种语言表达出来的活动。这种语言活动，人类几千年来一直在进行，它影响到文化和语言的发展。与翻译有关的可变因素很多，例如文化背景不同，题材不同，语言难译易译不同，读者不同等等，很难把各种不同因素综合起来，都纳入一条通则。

在欧洲，翻译实践有长远的历史。有人甚至认为，欧洲文明源于翻译，上至罗马帝国，下至今天的欧洲共同市场，都要靠翻译来进行国际贸易。有人说，用古希伯来语写的《圣经》和用阿拉米语写的《福音》，如果没有先译为希腊文和拉丁文，后来又译为中世纪和近代诸语言的话，2000 年来的犹太基都教文化就不会产生，因而欧洲文化也不会出现。自翻译

---

* 此文系 1986 年 2 月 22 日季羡林与许国璋所合写。——编者注

《圣经》起：将近 2000 年来，欧洲的翻译活动一直没有停止过。《圣经》的翻译是一件大事，它帮助许多国家的语言奠定了基础。在古代希腊、拉丁文学方面，荷马的史诗、希腊悲剧、喜剧和抒情诗，忒奥克里托斯（约公元前 310~ 前 250）、卡图卢斯（约公元前 87~ 前 54）、普卢塔克（约公元 46~120 或 127）的作品等等也多次被译成欧洲许多国家的语言。在保存古希腊文艺方面，阿拉伯译者做出了巨大的贡献。至于欧洲各国古代和近代的其他大作家，如维吉尔、但丁、莎士比亚、歌德、塞万提斯、安徒生、易卜生、托尔斯泰、陀思妥耶夫斯基、莫里哀等等的作品，也都多次被译成其他国家的语言。在东方文学方面，阿拉伯的《一千零一夜》、日本的能剧、中国的小说诗歌、印度的《故事海》《薄迦梵歌》《沙恭达罗》等等都译成了欧洲语言。特别值得一提的是印度的《五卷书》，它通过中古波斯文和阿拉伯文译本，反反复复地被译成了多种欧洲语言，产生了巨大的影响。

实践产生理论，欧美许多国家的翻译理论是五花八门的。从大的方面来看，可以分为两大派：一派是翻译可能论，一派是翻译不可能论。其实，完完全全百分之百的可能是没有的，完完全全百分之百的不可能也是没有的。世界上一切翻译活动都是在这两个极端之间进行的。欧洲许多著名的人物，比如马丁·路德、M·阿诺德、F·W·纽曼、J·B·波斯特加特、H·白洛克、Fr·R·诺克斯、V·那巴可夫等等，都对翻译提出了自己的理论。

据《开塞尔世界文学百科全书》的意见，这些理论中有些是刚愎自用的。

翻译一篇作品或者一段讲话，必然涉及两种语言：一种是原来那个作品或者讲话的语言，德国学者称之为Ausgangsspraehe（源头语言），英美学者称之为Original或Source language；一种是译成的语言，德国学者称之为Zielsprache（目的语言），英美学者称之为Target language。二者之间总会或多或少地存在着差距。因为，从严格的语言学原则上来讲，绝对的同义词是根本不存在的。一个翻译者，不管水平多么高，也只能尽可能地接近源头语言，而不可能把原意和神韵完全传达过来。翻译者的任务就是处理两种语言之间的关系。关于翻译工作，一般的看法是，逻辑的抽象的东西，比如说数学、物理、化学等等著作，翻译起来比较容易。但是也有含义转移的危险。重在故事情节的作品，比如浅薄平庸的小说之类，翻译起来也比较容易。重在说理或鼓动的作品，比如格言诗、论战文章、政治演说、有倾向性的剧本，以及讽刺文学等等，翻译起来也不十分困难。但是重在表达感情的高级文学作品，翻译起来就极为困难。在这里，翻译或多或少只能是再创作，只能做到尽可能地接近原作，原作的神韵、情调是无论如何也难以完全仿制的。特别是源头语言中那些靠声音来产生的效果，在目的语言中是完全无法重新创造的。

除了翻译可能与不可能的争论之外，还有直译与意译的争论。这种争论在欧洲也有很长的历史，但在中国尤其突出。

中国的翻译理论和实践在世界上有显著的地位。《礼记》已有关于翻译的记载。《周礼》中的“象胥”，就是四方译官之总称。《札记·王制》提到“五方之民，言语不通”，为了“达其志，通其欲”，各方都有专人，而“北方曰译”。后来，佛经译者在“译”字前加“翻”，成为“翻译”一词，一直流传到今天。

在中国，佛经的翻译自后汉至宋代，历一千二三百年，这样历久不衰的翻译工作，在世界上是空前的。从实践中产生的理论，也以佛家为最有系统，最深刻。晋代道安（314~385）主张质，即直译。他提出了“五失本”，意思是，在用汉文翻译佛经时，有五种情况允许译文与原文不一致。他又提出了“三不易”，意思是，三种不容易做到的情况。苻秦的鸠摩罗什（344~413）则主张除“得大意”外，还须考虑到“文体”。他说：“天竺国俗，甚重文制，其宫商体韵，以入弦为善。凡觐国王，必有赞德；见佛之仪，以歌叹为贵，经中偈颂，皆其式也。但改梵为秦，失其藻蔚，虽得大意，殊隔文体，有似嚼饭与人，非徒失味，乃令呕哕也。”（《高僧传》卷二《鸠摩罗什传》）隋代彦琮（557~610）最推崇道安的理论，他主张直译，提出“八备”和“十条”。“八备”指翻译者必须具备的八项条件；“十条”指他对译文体例、格式的十种规定。到了唐代，玄奘（602~664）是中国翻译史上集大成的人，文质并重，但似以质为主。他没有留下专门阐述翻译理论的文章。《翻译名义集》中记载了他的“五种不翻”的学说，指出有五种词语只能译音。北宋赞宁总结了前人的经验，提出翻译佛经的“六例”，详细探讨了翻译中六个方面的问题。他给翻译下的定义是：“翻也者，如翻锦绮，背面俱花，但其花有左右不同耳。”这个生动的比喻，说明翻译是一种艺术（如翻锦绮），它将（语言的）形式加以改变（左右不同），而内容不变（背面俱花）。

北宋（960~1127）初期还有翻译活动，以后逐渐衰微。它的重新兴起始于明代（1368~1644）永乐五年（1407）。那时由于对外交通的需要，创立了四夷馆，培训翻译人才。明代末期，西学东渐，翻译工作更活跃起来。但此时翻译的方向已完全改变，不再是印度的佛经，而是欧洲的天文、几何、医学等方面的典籍，中国翻译史已达到了一个新的阶段。

明代一些著名的翻译家对翻译工作也提出自己的看法。意大利传教士利玛窦（1552~1610）说：“且东西文理，又自绝殊，字义相求，仍多阙略。了然于口，尚可勉图；肆笔为文，便成艰涩矣。”这是说，中西语言结构不同，文章脉络不同，西方有的术语为中国所无，口头解释一下还可以做到，笔译成文，人家就看不懂了。同时代的一位中国科学家李之藻（？~1631）在描写当时外国传教士的译书态度时说：“诸皆借我华言，翻出西义而止，不敢妄增闻见，致失本真。”此时的翻译往往用合作方式，同初期佛典翻译相似，即中国学者与外国人合作翻译，润文的责任则放在中国学者身上。

鸦片战争以后，中国有识之士痛感学习西方之必要，翻译活动又逐渐兴起，在中国翻译史上形成又一个新阶段。马建忠（1845~1900）强调译事之难。梁启超（1875~1929）鼓吹佛典翻译之高明。毕生从事西方社会科学翻译的严复（1853~1921）在几篇序文里申述了他在翻译中遵循的原则。在《天演论》序中他说："译事三难：信、达、雅。""信"是忠于原作，"达"是忠于读者，"雅"是对于文学语言的忠诚。信、达、雅虽然只三个字，但体现了作品、读者、语言三者之间的关系。在严复那些译本当中，《天演论》接近意译，《原富》则近于直译。他说："是译与《天演论》不同，下笔之顷，虽于全节文理不能不融会贯通为之，然于辞义之间无所颠倒附益。"不过他对本书"繁赘而无关宏旨"的地方，则又有所删除。在《群己权界论》译凡例中他说："原书文理颇深，意繁句重，若依文作译，必至难索解人，故不得不略为颠倒，此以中文译西书定法也。"可以看出，《天演论》是意在达旨的述译，《原富》是辞义无所颠倒的严译，《群己权界论》是不依文作译的宽译。但是不论译法如何，有一点是始终如一的：即避免按字直译，努力用新的词或词组以求词义的全部传递。例如 evolution 中文没有与之相应的词，于是采用"天演"一词；libehdy 这个法制观念中国当时还没有，于是用"群己权界"

这一词组。严复对于西文词义的翻译做出了可贵的尝试，但是这方面的研究还有待开展。

五四运动以后，中国历史进入了现代，翻译的重要性远迈前古。中国新文学的兴起同翻译是分不开的。第一个重视翻译并大力加以倡导的人是鲁迅。鲁迅主张直译。他这样做的目的是：在介绍外国思想以供借鉴的同时，还要通过译文改造我们的语言。1931 年 12 月 28 日他在给瞿秋白的信中谈到严复。他说："他的翻译，实在是汉唐译经历史的缩图。中国之译佛经，汉末质直，他没有取法。六朝真是'达'而'雅'了，他的《天演论》的模范就在此。唐则以'信'为主，粗粗一看，简直是不能懂的，这就仿佛他后来的译书。"鲁迅不主张译文完全中国化。不完全中国化的译本"不但在输入新的内容，也在输入新的表现法"。他认为中国语法不够精密。"这语法的不精密，就在证明思路的不精密，换一句话，就是脑筋有些糊涂。"

在主张直译方面，瞿秋白和鲁迅见解一致。他说："翻译——除出能够介绍原来的内容给中国读者之外——还有一个很重要的作用：就是帮助我们创造出新的中国的现代言语。"但是他同时指出："当翻译的时候，如果只管'装进异样的句法'等等，而不管是否活人嘴里能够说得出来，——那么，这些'异样的句法'始终不能'据为己有'。"他认为，"新的言语应当是群众的言语——群众有可能了解和运用的言语。"现代许多翻译家基本上都是直译派。所谓“直译”是指：原文有的，不能删掉；原文没有的，不能增加。这与译文的流畅与否无关。鲁迅译的《苦闷的象征》等书，文字就非常流畅，但仍然是直译。所谓“意译”是指对原文可以增删。古代的鸠摩罗什属于这一派。郭沫若一方面说：“我们相信理想的翻译对于原文的字句，对于原文的意义，自然不许走转，而对于原文的气韵尤其不许走转”；另一方面，他也主张：“我知道翻译工作绝不是轻松的事件，而翻译的文体对于一国的国语或文学的铸造也绝不是无足重轻的因素。”茅盾更是简洁了当地指出：“翻译文学之应直译，在今日已没有讨论之必要。”他又说：“‘直译’这名词，在‘五四’以后方成为权威。”傅斯年、郑振铎、周作人、艾思奇等主张直译。因此，可以说，在近现代中国翻译史上，直译是压倒一切的准则。

比较欧洲和中国翻译的历史，以及翻译的理论，可以看出，东西双方探讨的问题基本相同。双方都讨论翻译的可能与不可能的问题，也讨论直译与意译的问题。但是双方也有不同之处。西方谈翻译理论，偏重于可能与不可能的问题，以及可能的程度。他们得出的结论是：文学翻译难，科技翻译易。直译与意译问题，也偶尔涉及；但不是重点。在翻译的基础或背景方面，欧洲与中国不同。在欧洲，除了最早的希伯来语以外，基本上是同一语系的语言之间的互相翻译。因此才产生了某一些理论家主张的翻译三分法：一、翻译；二、变换；三、逐词对照本。这种三分法对中国是完全不适用的。中国绝不可能有变换。因为在中国几千年的翻译史上都是不同语系语言之间的翻译，在同一语系语言间才能变换。中国偏重于直译与意译之争，所谓文与质者就是。这是由于从佛经的翻译到现代科学文学著作的翻译，都有其特殊的文化和历史背景。中西双方的思维方式有所不同，在这里也表现了出来。中国讨论翻译的人没有对语言本质做细致的分析，而是侧重于综合，侧重于实际应用方面，因此谈翻译技巧多，而谈抽象理论少。在直译与意译的问题解决以后，如何解决具体作品和文句的译法问题将提到日程上来。

1986 年 2 月 22 日

# 翻译对中国文化的重要意义*

现在颇有一些人喜欢谈论“中国之最”。实事求是地说，有五千年文明史的中国“最”是极多极多的。几大发明和几大奇迹，不必说了。即在九百多万平方公里的锦绣山河中，在人民日常生活的饮食中，“最”也到处可见。

然而，有一个“最”却被人们完全忽略了，这就是翻译。

无论是从历史的长短来看，还是从翻译作品的数量来看，以及从翻译所产生的影响来看，中国都是世界之“最”。这话是符合实际情况的，因而是完全正确的。

根据学者们的研究，中国先秦时代已有翻译活动。这是很自然的。只要语言文字不同，不管是在一个国家或民族（中华民族包括很多民族）内，还是在众多的国家或民族间，

* 本文是季羡林为《中国翻译词典》写的序，现标题是编者所加。——编者注

翻译都是必要的。否则思想就无法沟通，文化就难以交流，人类社会也就难以前进。

至迟到了东汉初年，印度佛教就传入中国。在此后的一千多年中，中国僧人和印度僧人，以及中亚某些古代民族的僧人，翻译了大量的佛典，有时个人单独进行，有时采用合作的方式。专就一个宗教来说，称之为“最”，它是当之无愧的。从明清之际开始，中间经过了 19 世纪末的洋务运动和 1919 年开始的五四运动，一直到今天的改革开放时期，中国人（其中间有外国人）又翻译了其量极大的西方书籍，其中也有少量东方书籍。各种学科几乎都有。佛典翻译以及其他典籍的翻译，所产生的影响是无法估量的。

如果没有这些翻译，你能够想象今天中国文化和中国社会会是什么样子吗？

这些话几乎都已属于老生常谈的范畴，用不着再细说了。我现在想从一个崭新的、从来没有人提到过的角度上，来谈一谈翻译对中国文化的重要意义。

最近半个多世纪以来，在世界上一些大国中，颇有一些有识之士，在认真地思考讨论人类文化的演变和走向问题。英国学者汤因比可以作为一个代表。他的大著《历史研究》已被译为汉文。他把世界上过去所有的文明分为 23 或 26 个，说明没有任何文明是能永存的。我的想法同这个说法相似。我把文化（文明）的发展分为五个阶段：诞生、成长、繁荣、衰竭、消逝。具体的例子请参看汤因比的著作。我在这里声明一句：他的例子我并不完全赞同。

汤因比把整个中华文化（他称之为“文明”）分为几个。这意见我认为有点牵强、机械。我觉得，不能把中华文化分成几个，中华文化是一个整体。

但是，这里就出现了一个尖锐的问题：你既然主张任何文化都不能永存，都是一个发展过程，为什么中华文化竟能成为例外呢？为什么中华文化竟能延续不断地一直存在到今天呢？这个问题提得好，提到了点子上。我必须认真地予以答复。

倘若对中华五千年的文化发展史仔细加以分析，中间确能分出若干阶段，中华文化并不是前后一致地、毫无变化地发展下来的。试以汉唐文化同其他朝代的文化相比，就能看出巨大的差别。汉唐时代，中华文化在世界上占领导地位。当时的长安是世界上文化的中心。其他朝代则不行。到了近代，世界文化重心西移，我们则努力“西化”，非复汉唐之光辉灿烂了。

但是，不管经过了多少波折，走过多少坎坷的道路，既有阳关大道，也有独木小桥，中华文化反正没有消逝。原因何在呢？我的答复是：倘若拿河流来作比，中华文化这一条长河，有水满的时候，也有水少的时候；但却从未枯竭。原因就是有新水注入。注入的次数大大小小是颇多的。最大的有两次，一次是从印度来的水，一次是从西方来的水。而这两次的大注入依靠的都是翻译。中华文化之所以能长葆青春，万应灵药就是翻译。翻译之为用大矣哉！

最近若干年以来，中国学术界研究中国翻译问题之风大兴。论文和专著都出了不少，又成立了全国的和一些省市的翻译组织，是一片欣欣向荣的景象。最近林煌天同志等又编撰了这一部《中国翻译词典》，可谓锦上添花了。对林煌天等同志编撰这样的词书我是完全信任的。他们在翻译方面，既有实践经验，又有组织经验。他们编撰的书很有特色，汇集了涉及翻译学术方面的各种词条和有关资料，翻译工作者和文化教育界人士都可用作参考。煌天同志要我为本书写一篇序，我乐于接受，同时又乘机把自己对翻译工作的重要性的看法一并写了出来，以便求教于高明。

1993 年 10 月 11 日凌晨

# 谈翻译

题目虽然是《谈翻译》，但并不想在这里谈翻译原理，说什么信达雅。只是自己十几年来看了无数的翻译，有从古代文字译出来的，有从近代文字译出来的，种类很复杂，看了就不免有许多杂感。但因为自己对翻译没有多大兴趣，并不想创造一个理论，无论“软译”或“硬译”，也不想写什么翻译学入门，所以这些杂感终于只是杂感堆在脑子里。现在偶有所感，想把它们写出来。因为没有适当的标题，就叫做《谈翻译》。

题目虽然有了，但杂感仍然只是杂感。我不想而且也不能把这些杂感归纳到一个系统里面去。以下就分两方面来谈。

## 论重译

世界上的语言非常多，无论谁也不能尽通全世界的语言。连专门研究比较语言学的学者顶多也不过懂几十种语言。一般人大概只能懂一种，文盲当然又除外。在这种情况下，我们就非要翻译不行。

但我们不要忘记，翻译只是无可奈何中的一个补救办法。《晏子春秋·内篇》说：“橘生淮南则为橘，生于淮北则为枳，叶徒相似，其实味不同。所以然者何？水土异也。”橘移到淮北，叶还能相似。一篇文章，尤其是文学作品，倘若译成另外一种文字，连叶也不能相似，当然更谈不到味了。

譬如说，我们都读过《红楼梦》。我想没有一个人不惊叹里面描绘的细腻和韵味的深远的。倘若我们现在再来读英文译本，无论英文程度多么好，没有人会不摇头的。因为这里面只是把故事用另外一种文字重述了一遍，至于原文字里行间的意味却一点影子都没有了。这就是所谓“其实味不同”。

但在中国却竟有许多人把移到淮北化成枳了、果子又变味的橘树再移远一次。可惜晏子没有告诉我们，这棵树又化成什么。其实我们稍用点幻想力就可以想象到它会变成什么离奇古怪的东西。倘我们再读过中国重译的书而又把原文拿来校对过的话，那么很好的例子就在眼前，连幻想也用不着了。

十几年前，当我还在中学里的时候，当时最流行的是许多从俄文译出来的文艺理论的书籍，像蒲列汉诺夫的《艺术论》，卢那卡尔斯基的什么什么之类。这些书出现不久，就有人称之曰天书，因为普通凡人们看了，就如丈二和尚摸不着头脑。我自己当时也对这些书籍感到莫大的狂热。有很长的时间，几乎天天都在拼命念这些书。意义似乎明白，又似乎不明白。念一句就像念西藏喇嘛的番咒。用铅笔记出哪是主词，哪是动词，哪是副词，开头似乎还有径可循，但愈来愈糊涂，一个长到两三行充满了“底”“地”“的”的句子念到一半的时候，已经如坠入五里雾中，再也难挣扎出来了。因而就很失眠过几次。译者虽然再三声明，希望读者硬着头皮看下去，据说里面还有好东西，但我宁愿空看一次宝山，再没有勇气进去了。而且我还怀疑译者自己也不明白，除非他是一个超人。这些天书为什么这样难明白呢？原因很简单，这些书，无论译者写明白不写明白，反正都是从日文译出来的，而日本译者对俄文原文也似乎没有看懂。

写到这里，也许有人抗议，认为我是无的放矢；因为这样的书究竟不多，在书店我们只找到很少几本书是写明重译的。其余大多数的译本，无论从希腊文拉丁文和其他中国很少有人会的文字译出来的，都只写原著者和译者的名字。为什么我竟会说中国有许多人在转译呢？这原因很复杂。我以前认识一个人，我确切知道他一个俄文字母也不能念，但他从俄文译出来的文艺作品却是汗牛又充栋。诸位只要去问一问这位专家，就保险可以探得其中的奥秘了。

像这样的人又是滔滔者天下皆是。我现在只再举一个例。一位上海的大学者，以译俄国社会科学的书籍出了大名，他无论对谁都说他是从俄文原文直接译出来的。但认识他的人却说，他把俄文原本摆在书桌上，抽屉里面却放了日译本。这样他工作的时候当然是低头的时候多而抬头的时候少，也许根本就不抬头。倘若有人访他，却只看到桌上摆的俄文原本而震惊于这位大学者的语言天才了。

我们现在并不想拆穿这些大学者们的真相，这种人也有权利生活的。我们只是反对一切的重译本，无论写明的也好，不写明的也好。把原文摆在桌子上，把日译本放在抽屉里，我们也仍然是反对。科学和哲学的著作不得已时当然可以重译，但文艺作品则万万不能。也许有人要说，我们在中国普通只能学到英文或日文，从英文或日文转译，也未始不是一个办法。是的，这是一个办法，我承认。但这只是一个懒人的办法。倘若对一个外国的诗人、戏剧家或小说家真有兴趣的话，就应该有勇气去学他那一国的语言。倘若连这一点勇气都没有，就应该自己知趣走开，到应该去的地方去。不要在这里越俎代庖，鱼目混珠。我们只要有勇气的人！

## 著者和译者

著者和译者究竟谁用的力量多呢？不用思索就可以回答，当然是著者。所以在欧洲有许多译本封面上只写著者的姓名，译者的姓名只用很小的字印在反面，费许多力量才能发现。在杂志上题目的下面往往也只看到著者的姓名，译者的姓名写在文章的后面，读者念完文章才能看到。他们的意思也不过表示译者和著者不敢抗衡而已。

在中国却又不然。我看到过很多的书，封面上只印着译者的姓名，两个或三个大金字倨傲地站在那里，这几个字的光辉也许太大了，著者的姓名只好逃到书里面一个角落里去躲避。在杂志的封面上或里面的目录上有时我们只能找到译者的姓名，甚至在本文的上面也只印着译者的姓名，著者就只能在本文后面一个括弧里找到一块安身立命的地方。从心理上来看，这是一个很有趣的现象。译者就害怕读者只注意著者的姓名，但又没有勇气把著者一笔抹杀，好在文章既然到了他手里，原著者已经没有权利说话，只好任他处置，他也就毫不客气地把著者拼命往阴影里挤了。我不是心理学者，但我能猜想到，变态心理学家一定在他们的书里替这些人保留一块很大的地盘的。

我还看到几个比较客气一点的译者，他们居然肯让著者的姓名同他们自己的列在一块。但也总觉得心有所不甘，于是就把自己的姓名用大号字排印，著者的姓名用小号字，让读者一看就有大小偏正之感，方法也颇显明。我立刻想到德国大选时希特勒的作风。现在被谥为希魔的德国独裁者当时正兴高采烈，在各个城市里大街小巷的墙壁上都贴满了放大了的选举票的式样。上面写了他自己和戈林、戈培尔、赫斯、福利克的名字，下面印了两个圈，一个很大，一个很小，像是太阳和地球。年纪大一点的或眼睛近视的无论如何也不会看到那小圈。这当然有它的作用，因为赞成希特勒的人要在大圈里画一个记号，小圈却是为反对他的人预备的。结果希特勒果然成了功，百分之九十八的德国人都选举了他。我总怀疑有些人根本没看到那小圈，既然每个人都必须画一个记号，他们只好拿起笔来向大圈里一抹了。我们中国这些客气的译者的心理同希特勒大概差不多，这真可以说是东西映辉，各有千秋。至于他们究竟像不像希特勒那样成功呢？这我可就有点儿说不上来了。

我前面说过，有的译者没有勇气把著者一笔抹杀。但这里正像别处也并不缺少有勇气的人。有一位姓丁双名福保的大学者“著”了一部几十册厚的佛学字典。我们一看就知道这里面有问题，因为这种工作需要多年的搜集和研究。我们从来没听说中国有这样一位专家，现在却凭空掉出了这样一部大著，不由人不怀疑。书的序里提到日本织田得能的佛教大词典，我们拿来一对，才知道原来就是这部书的翻译。但丁先生却绝对否认是“译”，只承认是“著”，因为他添了些新东西进去。我又有点糊涂起来。译一部几百万字的大著只要增加十个字八个字的新材料就可以把这部书据为己有，恐怕世界上每个人都要来译书了。但丁先生的大“著”并非毫无可取，里面插入许多丁先生的玉照，例如研究生理时代之丁福保，研究医学时代之丁福保，也颇琳琅满目。丁先生的尊容也还过得去，虽然比畹华博士还差一筹。但我终于恍然大悟：以前有的人想把自己的玉照登在报纸上，但苦于没有机会，只好给兜安氏大药房写信，当然附上玉照，信里说吃了某某药，自己的某某病已经好了，特此致谢。于是隔了不久，自己的尊容就可以同名人一样出现在报纸上，虽然地方不大对，也顾不了那样许多了。现在丁先生又发明了一个方法，使以后想出名的人再也不必冒充自己有梅毒或是瘾君子写信给大药房了。真是功德莫大。我们能不佩服丁先生的发明能力么?

另外还有一位更有勇气的人，当然也是一位学者。他译了几篇日本人著的关于鲜卑和匈奴的论文，写上自己的名字发表了。后来有人查出原文来去信质问，他才声明因时间仓猝把作者的名字忘掉了。这当然理由充足，因为倘若在别人和自己的名字中间非忘掉一个不行的话，当然会忘掉别人的，谁不爱自己的名字呢?

我上面只是随便举出两个例子。像这样有勇气的人，在我们中真是俯拾即是，比雨后的春笋还要多。只是在我们国内要这一套，关系还不太大，因为好多人都是彼此彼此，心照不宣，但偶尔让外国学者知道了，就不免替我们丢人。我上面说的丁福保的字典，一位现在剑桥大学任教授的德国汉学家就同日文原文对照过，他把结果告诉了我，弄得我面红耳赤，半天说不上话来。在外国这是法律问题。倘若一个人在自己的博士论文里偷了人家的东西而不声明，以后发现了，立刻取消博士头衔，我希望中国的法律也会来制裁这一群英雄!

1946 年

# 再谈翻译*

## 缺乏质量的“翻译大国”不值得追求

我对翻译工作确实怀有很深的感情，真心希望它受到重视，并得到健康、协调的发展。至于翻译大国、强国问题，我认为翻译是精神产品，它不同于物质产品，不能只追求数量。你翻译的数量再多，你成了翻译大国，但如果你翻译的东西中，有不少是不需要的，甚至是垃圾，那这样的“翻译大国”又有什么意义。搞翻译不是为了赚钱，而是为了沟通中外文化的需要。毛泽东讲“洋为中用”，我很赞成，我们需要的，是能为中所用的翻译，而不是“什么赚钱就译什么”那种唯利是图的翻译。假如靠后者数量的膨胀而形成的“翻译大国”，我看并不值得追求。至于强不强，似乎也不必作为我们翻译工作

---

* 本文在季羡林同原译林出版社社长李景瑞的一段谈话基础上整理而成，现标题是编者所加。——编者注

的一种目标。什么是“翻译强国”的标准？怎么定，谁来评，都说不准。依我看，能把外国好的东西及时翻译介绍过来就很好了，没必要去比谁强谁弱。

**如何提高翻译质量?**

这些年我看译著较少，更未去研究，不一定看得准。但总体感觉，至少从文学翻译来讲，虽存在粗制滥造低劣之作，但也确有质量上乘的。我担任过好多届“国家图书奖”文学组的评委，每届都有不少优秀译著参评，有些还得了大奖，像有些名家名著，经讨修订后的新译本，其质量显然比旧译本好多了，所以不能笼统讲现在翻译质量全下降了。当然，下降的确实有，而且也不仅出现在文学翻译领域，在其他领域，包括中译外，错译现象还相当多，有的还蛮严重，所以必须引起重视。

问题的原因很复杂，这里有译者基本功问题，翻译职业道德问题，翻译批评缺位问题，以及出版社疏于把关问题等等。我只想特别强调两点：一是译者的知识面一定要广。现在的年轻人学外文的条件比过去好，他们理解外文的能力并不差，最不足的就是知识面不广，还包括中文功底薄弱，以至不注意或不善于根据不同的翻译对象来设计和调整自己的译笔。我这是从学术层面来讲的，那种因不讲译德，有意粗制滥造的当然不在此列。二是出版社务必严于把关。过去老“商务”、老“人文”出翻译书都有严格把关的好传统，这一关是不能削弱的。可惜现在不少出版社都放松了，有的社根本没有外文编辑，放弃了译文质量把关，又缺乏必要的翻译质量检查制度。所以这个问题必须有关部门合力综合治理才能奏效。

我没有深入研究过翻译理论。凭我自己的经验，不同门类的翻译有不同的要求。有的需要严格对应，有的无需或很难对应，能达意也行，所以翻译很难有统一的标准。即使是严复的“信达雅”，或者后人新提出的，那也不能算是翻译标准，只是对翻译的一种要求，一种期盼。特别是文学翻译，涉及对作者、作品、背景等不同的理解，更应该允许有不同的诠释和不同的表述；当然，这些都要求建立在深入研究的基础之上，而不是译者随心所欲。

### 再次呼吁设立“国家翻译奖”

我认为，我们现在翻译队伍总体的素质并不低，否则怎么可能出现这么多这么广的翻译成果。当然还有不足，主要表现在两个方面：一是培养翻译专业队伍重视不够；二是翻译的专业训练还嫌薄弱。以前上海有一批专以翻译为职业的翻译家，对推动文学翻译事业起了不小的作用。现在搞文学翻译，好像都变成业余的了。翻译是一门学科，有它自身的规律。文明的社会，开放的国家，需要职业翻译家。翻译应该成为社会需要、受人尊重的一项职业，所以，要加强翻译专业队伍的建设。其次，现在大学里只把翻译当做学外文的一种附属，好像学了外文就自然会搞翻译了。不是这样。要从改进大学里翻译的教学入手，加强翻译学科的建设，使翻译后备队伍能得到良好的翻译专业训练。我还主张，想搞翻译的人，应该多学一两门外语才好。

好多年以前我就呼吁过要设立政府颁发的“翻译奖”。这不仅因为许多国家都设有，更因为翻译工作是跨学科、跨部门的，在促进中外文化交流、振兴中华的事业中起着不可替代的桥梁作用。为了体现国家对这项重要工作的支持，尽快设立“国家翻译奖”是非常必要的。鉴于翻译的重要性，即使有困难，也应该加以克服。我再次呼吁，由政府某个部门牵头，先把这项奖设立起来，再在实践中逐步加以完善，努力为翻译界做一件实事。

## 克服“偏食”，调整政策，加强统一领导

关于繁荣我国翻译事业的问题，我看不准，说不全。但我想到了几点：

第一，借用一句当前的时髦话，就是要注意“翻译生态的平衡”。一个社会的文明，是由多种文化互相融合、综合形成的。就介绍当代外国文学来讲，我感到我们现在似乎存在一种“偏食”现象，就是只关注介绍英美的，图书、影视几乎都是这样。先进文化绝不是只有英美有。从文学翻译来讲，其实古与今、东方与西方、高雅与通俗，乃至不同门类、不同体裁，都应该择优翻译，协调介绍。我特别要强调一下，要重视

研究和翻译东方国家优秀的文化成果。要解决这个“偏食”现象，我认为加强统一规划很有必要。精神产品不能全部交由市场去调节，像某些有很高学术或艺术价值的，或者是填补空白的，就需要通过规划给予必要的扶持；对于那些低水平重复出版的译作，也要通过规划加以限制，力求实现质量优良、结构合理的真实繁荣。

第二，政策上要研究如何调整。比如说，高校中翻译不能算科研成果，这样一刀切是否合理？能否区分一下哪些算哪些不算。翻译报酬，现在搞口译的有的高得离谱，而搞文学翻译的，每千字还是几十元，显得太低了。政协开会，这个界那个界多得很，唯独没有翻译界。不在乎多少名额，列上这个界，也体现了对这一行业的重视。译作因为都是根据原作派生的，因此，被人抄袭以后往往由于侵权文字难以认定而使译者维权产生困难。如此等等问题，都有待研究改进。

第三，关键还在于要加强统一领导。翻译工作的重要性，说起来都知道，但实际工作中，政府部门至今没有哪个明确统管翻译问题。前年梅绍武等三十几位政协委员，联名提案要求国家明确一个部门统一管理涉及翻译的共性问题，结果依然没有下文。其实翻译规划、翻译政策、翻译教育、翻译队伍建设、翻译市场管理等等，该做的工作还多着呢，希望能引起各方的重视。

2005 年

# 翻译的危机

这个题目看上去有点危言耸听，但是我自认是实事求是的，毫无哗众取宠之意。

中国是世界上第一翻译大国，历史长，数量大，无论哪一个国家都难望其项背。这是中外都熟悉的事实，用不着再论证，也用不着再重复。

从清末民初开始，中经“五四”，一直到新中国成立后，一直到今天，中国的翻译工作者做了大量的工作，翻译了大量的书，文、理、法、农、工、医，各科都有。这些翻译对促进中国文化教育事业的发展，对启迪中国人民大众，起了无法估量的作用。我简直无法设想，如果没有这些翻译，中国今天的教育文化和国家建设事业会是什么样子。

关于翻译问题，我自己曾涉猎过一些书籍，古今中外都有。对于翻译理论，我也特有兴趣。中国古代的翻译理论，内容异常丰富，涉及的面也很广。到了近现代，西方的理论蜂拥而至，五花八门，争奇斗艳。有一些理论分析得非常细致，显得十分深奥；然而细究其实，却如绣花枕头，无补于实用。在这一方面，同在别的方面一样，我是一个保守主义者。我认为，为一些人所非议的严又陵的一句话："译事三难，信，达，雅"，仍然是可以信守的。道理十分简洁明确，然而又切中肯綮，真可谓"要言不繁"了。这三个字，缺一不可；多一个也似乎没有必要。能做到这三个字，也可以说是尽翻译之能事了。

我个人觉得，三个字中，以第一个"信"字为基础，为根本。这个字做不到，就根本谈不到翻译。我探讨翻译问题，评论翻译作品，首先就是看它信不信，也就是，看它是否忠实于原文。如果这一点做不到，那就不叫翻译，什么"达"，什么"雅"，就如无根之木，无本之草，无所附丽。严复定下了这三条标准以后，自己是认真遵守的。翻译《天演论》时，因为是借题发挥，不是真正的翻译，所以他不叫"译"，而叫"达恉"。

我这篇短文的题目是《翻译的危机》，危机正出在不遵守"信"这个标准上。

我最近若干年来没有从事翻译工作。但是，由于主编一些刊物和丛书，有时候也难免接触一些译稿。去年，友人推荐了一部译稿，想收入我主编的一套丛书中。友人介绍说，译者英文水平是高的，曾多次担任口译工作，胜任愉快；在笔译方面，也已出过两部书。这样一个译者应该说是能信得过的，友人又是我的老朋友，一位在国内外声名远扬的学者，也应该说是能绝对信得过的。译稿就要寄出版社付排了。不知为什么，我一时心血来潮，非要看一看译稿不行。于是向译者要来了原文。我仔细对了几页，就发现了一些问题。我自己拿不准，又央求周一良教授把译文同原文对上几页。结果他的意见同我的完全一样：译文有问题，不能寄出版社。我仍然相信，这位青年译者的英文是有水平的，他胜任口译也是可信的。但是，口译与笔译不同，口译要求达到百分之百的准确，是很难做到的。一个译者能译百分之七八十，就很不错了。过去周恩来总理和郭沫若先生我都亲耳听他们说过这样的意见。但是，笔译由于有充分的思考的时间，必须要求极高，即使不能达到百分之百，也必须接近这个水平。我认为，我这个意见是通情达理的，必能得到大家的赞同。

上面说到的这位青年译者的已经出版的那两部书，情况怎样呢？我没有读原书，不敢瞎说。但是，根据合理的推测，它同我看的译稿差别不会太大。我们很难设想，送给我看的这一部译稿碰巧水平特别低，而已经出版的则水平特别高，这是不大可能的。

我们的思想从这里生发开去，想得远一点，再远一点，想到了最近几十年来全国已经出版的若干千种万种的翻译，我就有点不寒而栗了。我们不能否认，这些翻译的著作中，有水平很高的、能达到信、达、雅三个标准的。但是，同样也不能否认，其中必有相当多的一批译本是有问题的。我没有法子去做细致的统计，我说不出这些坏译本究竟占多大的比例。我估计，坏译本的数量也许要超过好译本。

什么叫做“坏”译本，什么又叫做“好”译本呢？我觉得关键就在于“信”或不“信”。首先要“信”，要忠实于原文，然后才能谈“达”和“雅”。如果不“信”，“达”和“雅”都毫无意义。译本大体上可以分为三类：第一类，“信”“达”“雅”都合乎标准，这是上等。第二类，能“信”而“达”“雅”不足，这是中等。第三类，不“信”，不“达”，不“雅”，这是下等。有的译文，“达”“雅”够，而“信”不足。这勉强可以归入第二类。当前颇有一些非常流行的译本，译文极流利畅达，极“中国化”。但是“信”不“信”呢？我没有核对原文，不敢乱说。我是有怀疑的。如果我的怀疑是正确的话，我认为，这种译风无论如何是不应提倡的。

我现在要探讨一个问题：为什么译而不信呢？我觉得这里有两个基本条件：一是外语水平，一是工作态度。

先谈外语水平问题。学习外语，至少应该有两个认识：一不要认为外语很神秘，简直无法学好，因而望而却步。二不要认为学外语很容易，不费吹灰之力就能够掌握。我们必须认为外语能够学好，但又要付出艰苦的劳动。学外语同学习任何别的东西一样，必须有点天赋，又必须勤奋，二者缺一不可。

学习任何外语，学一点皮毛，并不困难。但要基本上能够掌握，却又不那么简单。根据我自己的经验，学习外语，有如鲤鱼在黄河中逆水上溯。前一段也许并不太困难。但是，一旦到了龙门跟前，想要跳过龙门，却万分困难。有的人就是一辈子也跳不过这个龙门，只能糊里糊涂，终生是一条鲤鱼，变不成龙。拿学习外语来说，每一种外语都有一个龙门。这座龙门在什么地方呢？因人而异。天赋高而又勤奋者，龙门近一点；否则就远。只有能跳过外语这个龙门，你才勉强有一点语感。这一门外语就算是为你掌握了，被你征服了，它能为你所用了。这时你就变成了一条龙。这一突变是用艰苦的劳动换来的。

上面谈的是外语水平，现在来谈工作态度。工作态度，不是天赋问题，而是认识问题。有的人缺乏自知之明——顺便说一句，这种人是并不老少的——当自己还是一条鱼的时候，便傲然认为自己已经成了龙。本来查一查字典就可以解决的问题，他连字典也懒得查了。其结果并不美妙。当年赵景深教授把 milky way（天河，银河）译为“牛奶路”，受到了鲁迅先生的讥讽，成为译界的笑话。今天这样的例子真是比比皆是，数量和严重性都远远超过了“牛奶路”。有的人把 Man of the God（牧师）译为“上帝的人”。有的人把 so far the introduction（导论到此为止）译为“导论是这样远了”。类似这样的例子，我还能够举出很多很多来。举一反三，这两个也就够了。这是由于缺乏自知之明或者由于懒惰而造成的笑话。

还有比这更糟糕的，原文有的地方看不懂，他自己心里非常清楚，可是却一不请教人，二不查字典，胡译一通，企图蒙混过关；或者干脆删掉，反正没有人来核对原文，马脚不会露出来的。这简直应该归入假冒伪劣一类，为我们所应该反对的。

把上面所说的外语水平和工作态度两个标准综合起来评论，我觉得，翻译工作可以分为上、中、下三个等次。外语水平高工作态度好，这当然是上等。外语水平高工作态度差，或者外语水平差工作态度好，这属于中等。外语水平差工作态度又不好，这当然就是下等。我在这里所说的翻译危机，主要来自下等的翻译工作，中等也可能沾点边。在翻译工作中这三个等次所占的百分比，我说不上来。从我所接触过的现象来看，下等所占的百分比不会很低，这一点可以不必怀疑。

也许有人认为，翻译出点小错误，古今中外概所难免。在中国翻译佛经的历史上，就不知道出现了多少错误，有的错误简直离奇可笑；然而这并不碍于佛经的流通。这种意见不能说没有道理。但是，那是过去的事，在今天这样的新时代中，我们不能为这种意见张目。而且，今天的下等翻译似乎已经成为一种痼疾，成为一种风气。许多人习焉不察，当事者则沾沾自喜。这样的风气我们还能熟视无睹不起来反对吗？

反对之法其实也并不复杂，无非是加强翻译评论，加强监督而已。

这种办法我们曾经使用过。在50年代，在当时出版的《翻译通报》上，时不时会出现几篇评论翻译书刊的文章。这种文章往往很长，因为一要引用原文和译文，二要提出自己的意见，对译文加以仔细的分析和评论。这都是踏踏实实的、动真格儿的工作，不能徒托空言，因此非长不可。据我自己的回忆，这种评论工作起过很好的作用，受到读者的欢迎。但是，不知道是为什么，后来没有继续下去。我真正感到惋惜。

时至今日，翻译书刊之多，远迈前古。今天我们建设我们的国家，不借鉴他国，完全是不能想象的，而借鉴就需要翻译。我在上面已经说过，好的译品是有的；但也未免鱼龙混杂，泥沙俱下。报章杂志上有时也会见到几篇评论翻译的文章，但是同已经出版的翻译书刊的数量比起来，却显得非常微弱无力。我们毫不夸大地说，今天的翻译已经失去了监督。有良心有本领的译者，也就是我在上面所说的上等的翻译，是用不着监督的。但是中等翻译，特别是下等翻译，则是非监督不行。非监督不行却又缺少监督，于是就来了危机。

克服这个危机的出路何在呢？我原来想得非常单纯，非常天真：不过是加强监督而已。我曾同《中国翻译》杂志的一位负责人谈到这个问题，我劝他多刊登一些评论翻译的文章。我原以为，他会立即接受我的建议，并付诸实施。对他来说，这并不困难。然而，真是大出我意料，他竟似乎有难言之隐，对我诉了许多苦，其中最主要的是，许多被批评的译者喜欢纠缠。一旦受到批评，绝不反躬自省，而是胡搅蛮缠，颠倒黑白；明明是自己译错了，却愣不承认。写信、打电话、写文章，闹得乌烟瘴气。一旦碰到这样的主儿，编辑部就苦不堪言。

我恍然大悟，很同情这位负责人的意见。环顾我们今天的社会，在其他领域里也有类似的现象。个别的人不知道怎样使用自己的民主权利。不给民主，他们怨气冲天；给了民主，他们又忘乎所以。看来正确运用民主权利，也还需要有一定的水平。有些人认为民主就是打官司。最近看到报上刊登了一个消息：在某部电影中，有一个群众场面。当时拍摄时，拍上了一个他或她。现在电影一旦上演，他或她看到了自己的形象，于是拍案而起，告到法院，说是侵犯了他的肖像权，索要五位数字的赔偿费。我不懂法律，但总觉得这样做是“民主”过了头。回到我们翻译界，难道不会出现类似的事件吗？我有点担心。

我原以为克服翻译危机并不困难。现在看来，并非如此。我现在是正如俗话所说的：变戏法的跪下，没辙了。

可是，我并不气馁。我呼吁翻译界的同行们和广大的读者，大家起来，群策群力，共同想出克服翻译危机的办法。我相信，办法总会想出来的，正如路是人走出来的那样。

1994 年

# 汉语与外语

## 问题的提出

我们正处在20世纪的世纪末中，也可以说是处在第一千纪的千纪末中，再过几年，一个新的世纪，21世纪和一个新的千纪，第二千纪，就要来到我们眼前。值此世纪和千纪转轨之际，学术界的各门学科都在进行回顾与前瞻，我们语言学界当然也不会例外。在过去将近100年中，我们学术界以及学术界以外一些人士，对待外语的态度有天翻地覆的转变。总的发展趋势是，由世纪初的漠然懵然进到了世纪末的肃然狂然。时至今日，不但大中小学都有了英文教学，连给店铺起名，给商品命名，给新生婴儿起名字，都非带点洋味不行；连官方的电台也称之为BTV。如此等等，不一而足。这是好事呢，还是坏事？这是进步呢，还是退化？兹事体大，非三言两语可以说清楚的，这里先不深入探讨。但是，我个人总认为，这是大势所趋，这是世界潮流所向，“九斤老太”头摇得再厉害，也无济于事。

但是，我们语言学界也不能特立独行，我们也不能反潮流，我们也必须在回顾与前瞻的基础上思考与语言有关的问题。问题千头万绪，绝不能毕其功于一役。我先提出一个在我们日常活动中和学术研究中汉语与外语的关系问题，来谈一谈我个人的看法。

### 当前的情况

社会上一般的情况，我已在上面稍有所涉及，我在这里集中谈学术界的情况，特别是北京大学的情况，后者是有些代表性的。

北大是处在社会中的，并非世外桃源。社会上弥漫着的外国热——简短截说，实际上就是英语热——当然会波及北大；不但波及，而且变本加厉。可是根据我多年仔细地观察与体会，我终于发现，尽管在这里英语热热得发烫，但是，该学的人中却有不爱学者，而在学习的人中，学习的方式和目的都令人担忧。

什么叫“该学的人”呢？我首先指的是教师，而且不是哪一科的教师，而是所有的教师。到了今天，大家都会承认，所有的国家，所有的学科，都是世界性的、国际性的，哪一科也不能自我封闭，闭关锁国。如果真想这样做的话，其无前途完全是可以断言的。就拿中国国学来说，表面上来看，这是中国的学问，中国学者不通外语，完全能够玩得转的。然而，如果不是井蛙观天而是放眼世界的话，则立刻就能发现，别的国家也在研究我们的“国学”，而且由于研究基础和传统的不同，由于研究角度和方式的差异，往往能发我们所未发之覆。这样的例子比比皆是，俯拾即得，不承认是不行的。中国古人早就认识到这个真理了，他们说：“他山之石，可以攻玉。”讲的就是这个道理。外国汉学家往往喜欢搞一些很小很偏僻的题目，搞一些我们中国国学家所疏忽不注意的题目，搞一些由于语言条件的限制而我们搞不了的课题。这些题目完全可以弥补我们的不足，使我们的国学研究涵盖面更广，钻研得更深。这会大大地有利于我们的国学研究，彰彰在人耳目，不言自明。至于国学以外的其他国际通行的学科，我们更需要随时了解世界各国同行们的研究情况，绝不允许闭门造车，其道理更是人人都能明白的，解释反而会成为赘疣。

能做到这一步，必须通外语。

现在北大流行一种说法：我们的学科要与外国接轨。我认为这个说法提得好，提得鲜明生动，是不易之理，也是我们中国学术界进步的表现。但是，如果想接轨，必须首先知道，轨究竟在什么地方，否则自己的轨往哪里去接呢？乱接一气，驴唇对不上马嘴，接这样的轨有什么用处呢？

真想接轨，必须通外语。

事实上，有一些轨就在眼前，比如说到外国去参加国际学术讨论会，出席的基本上都是同行的学者，这些就是摆在眼前的轨，要想接立刻就能接上。然而，“眼前有轨接不得，只缘缺乏共同语”。我曾多次参加国外举办的国际学术讨论会。有时候我国派出去规模相当大的代表团，参加者多为著名的学者，个个满腹经纶，学富五车，在国内国际广有名声。如果请他用中国话作学术报告，必然是广征博引，妙语连珠，滔滔如悬河泻水，语惊四座。然而，我们的汉语，虽然在世界上使用的人数居众语的前列，可惜由于种种原因还没有能争取到国际学术通用语的地位，一出国门，寸步难行。没有哪一个在国外召开的学术会议规定汉语为会上发表论文的通用语，我们只好多带翻译。然而有不少会议规定，参加主席团不能带翻译，宣读学术论文不能带翻译。于是不会说洋话的代表团长（在国内往往是个官）只好退避三舍，成为后座议员。而有一些很有价值的优秀论文也得不到向国外同行们显示的机会。

在会议休息时，往往到大客厅里去喝点咖啡或茶，吃点点心，这正是不同国家的学者们交流感情、增强友谊的好时机。每一位学者手端一杯饮料，这里聊上几句，那里侃上一阵，胡谈乱侃中，往往包含着最新的学术消息。如果有共同的语言，这真是如鱼得水，不费吹灰之力，就能“秀才不出厅，便知天下事”。然而可惜的是我们中国的学者，只带了一张嘴，却没有带语言工具，除了点头微笑之外，连“今天天气，哈，哈，哈”都说不出来。尴尬之态可掬，只好找中国人扎堆儿谈话。

参加国外学术会议，必须通外语。

我在上面举的这几个必须学习外语的例子，只是顺手拈来，一点求全的意思也没有。真想求全，是办不到的，也是没有必要的。我觉得，仅仅这三个小例子也足以令人触目惊心了。我谈的对象也绝不仅仅限于大学的圈子，这个圈子以外的所有的科研机构中的人员，都应当包括在里面的。至于在政府部门，不管是经济、教育、法治、国防，等等，等等，都必须同外国同行或非同行打交道。语言不能沟通，必须配备翻译，翻译必须学外语，而且还要学好外语，这属于常识之列，用不着多说了。

我现在想从另外一个角度来谈一谈学习外语的必要性。不管是在大学，还是在科研部门，研究学问第一步要懂目录学，特别是与自己研究的学科有关的目录学，这是必不可少的一步。中国有造诣的学者，比如说乾嘉诸大师，以及西方各门学科有成就的学者，无不如此。不通目录学，不看新杂志，你连一个值得研究的题目都不会找到。研究学问，不能闭着眼睛捉麻雀。一个题目，特别是在自然科学内，如果别的国家的学者已经研究过，而且已经得出了结果，你懵懂无知，又费上力量，从事研究。如果真出现这种情况，将会腾笑士林，无颜见人。在人文社会科学中，情况与此稍有区别。比如一个庄子，别人能研究，你当然也能研究。因为人文社会科学有一些题目不是丁是丁，卯是卯，同一个题目结果也能够而且允许不同的。即使是这样，人文社会科学工作者也必须了解国内外与自己研究有关的进展情况，与自己看法相同的可以增加研究信心，与自己看法不同的可以供自己进一步推敲和思考。而且研究学问，不是创作写诗，你必须认真搜集资料，资料越多越好，要有“竭泽而渔”的气魄。古代学者只搜集中国材料就足够了。我们处于今天信息爆炸的时代，搜集资料只限于中国是绝对不行的，必须放眼世界。这是时势使然，不这样做，是不行的，而想做到这一步，必须学习外语。

根据我上面的极简短的说明，人们已经可以知道，在当前中国，学习外语的重要性已昭如日月。我既讲了北大的教师，也讲到了北大以外的科学工作者。很可惜，在这些人中，不懂外语的和所懂不多的，人数并不算太少。更可惜的是，他们自我感觉极为良好，对学习外语的重要性似乎一点也不理会。我希望，这种局面能够尽快改变。

在“该学的人”之外，我还必须提到一类“学者”，我的意思是指“学的人”或者“爱学的人”。他们爱学外语，当然是一件绝大的好事。但是我又说到，他们学习的方式和目的都令人担忧。这是什么意思呢？这一类人中，青年学生较多。他们学习得非常刻苦，除了上正课以外，有的还参加什么“英语强化班”，有的简直到了废寝忘食的程度。他们真懂得了学习外语（首先是英语）的重要性了吗？倘你进一步深入了解，可以说，在一种特殊的意义上，他们是懂得的。英语是一把金钥匙，可以帮他们打开出国的大门，可以帮他们拿到绿卡，可以使他们异化为非中国人。这是学习的目的。目的决定学习方式。指导他们学习的指挥棒就是大名鼎鼎的托福和 GRE。这两个指挥棒怎样指挥，他们就怎样跟着转，不肯也不敢越雷池一步。这样学外语会得到一个什么结果，可以想见。抱着这样的目的，使用这样的方式来学习外语，难道还不令人担忧吗？

### 我对出国留学的看法

读了上面我写的那一些话，也许有人会怀疑我是反对出国留学的。

不，不，绝对不是这样。我不但不反对中国青年学生出国留学，而且真诚地积极地希望和帮助他们这样做。不但年轻学生，连并不年轻的教员，不管是哪一门学科的，我都希望他们能够出国看一看，学一学；时间可长可短，走的国家可多可少，访问和学习的方式可以多种多样。多少年来，世界各国的人士都承认，现在的世界越变越小了。不但“鸡犬之声相闻，老死不相往来”的时代早已被我们远远地抛在后面，连法显、玄奘、义净时代到天竺去取经要经过艰难跋涉、千辛万苦的情况，也早已成为历史陈迹。当今之世，出国千里万里，朝发夕至，人类连当年被认为是“天上宫阙”的月球都能够登上。要想再当井底之蛙，是绝无可能的。何况我们这一些在大学或其他科研机构学习和工作的人，更需要放眼世界，否则学习和工作都绝无前途。因此我才有上面说到的那些想法和希望。

但是，我希望我们中国的老、中、青年的学者们，甚至包括一些学生在内都能够到国外去看一看、学一学，其目的同当前的人数不能算是太少的青年们努力通过托福和 GRE 考试的目的是绝对不相同的，是针锋相对的。我希望，他们看一看、学一学之后还要回到我们的祖国来，用看到的和学到的本领来建设我们的国家。而那些兀兀穷年、废寝忘食努力学习外语，通过必要的测试终于到了外国的青年人，他们的最终目的是能拿到绿卡，放弃了中国国籍。正如中国俗话所说的那样：牛肉包子打狗，一去不回头。

我是坚决反对和蔑视这种行为的。

但我自己并不是一个极端狭隘的民族主义者。在今天的世界上，放弃一个国籍，取得一个新国籍，这完全是个人的行动，并不是犯法的行为。可是我觉得对这个问题必须作具体的分析，不能眉毛胡子一把抓。所谓“具体的分析”者，就是要看为什么，在什么时候，加入什么国家，放弃什么国家。这话太玄虚，还是直白地说为好。我不讲别的国家，只讲中国与美国。中国是一个穷国，而美国是一个富国，就眼前来说，这是最大的区别。嫌贫爱富，虽然说是人之常情，但是却一向为中国伦理道德所鄙视。西方国家的伦理道德可能是完全不一样的，他们可能认为这是正常和正当的行为，别人无权说三道四。

但是，在中国则不然。前几年，我曾写过一篇文章《一个老知识分子的心声》。其中我谈到，几千年来，中国的知识分子养成了两个突出的特点，一个是爱国主义，一个是讲骨气。二者有联系，又有区别。存在决定意识，这两个特点也是中国历史存在所决定的。中国从先秦起，每一个朝代都有“边患”，也就是外敌的侵略和骚扰。这些外敌今天可能已融入中华民族大家庭中；但在当年却确是敌人，屠杀我人民，强占我土地。这种长达几千年的外敌压境的情况，就决定了中华传统的爱国主义。像岳飞、文天祥、林则徐等等家喻户晓的爱国人物，没有外敌的国家是不会产生的。

至于讲骨气，则与此有联系，又有区别。在外寇的斧钺前面，绝不贪生怕死，这也是爱国主义的一种表现。在别的地方，中国人也讲骨气。宁愿饿死也不吃嗟来之食，几千年来在中国传为美谈。三国时候，祢衡击鼓骂曹；民国时候，章太炎赤足持扇胸佩大勋章站在新华门前痛骂袁世凯；新中国成立前夕，朱自清忍饥不吃美援面粉，如此等等，都传为佳话，表现了中国人民的硬骨头。

眼前，我们国家社会正处在转型时期，由于众多的原因造成了我们仍然是一个穷国，人们，当然包括知识分子在内，工资极低，同国外比较起来，简直让人感到寒碜和脸红。我认为，这只能是一个暂时的过渡现象，将来一定会改变的。我们眼前的日子确实过得非常紧，可并没有看到哪一个知识分子真正挨饿的。而且按照中国古老的传统，越是在困难中越应该显出我们的骨气。“岁寒然后知松柏之后凋也。”这句话道出了中国知识分子的心声。

然而，可悲的是，这一个在世界民族之林中也能称得上独特的值得称扬的优良传统，今天已被许多中国青年人忘掉了，忘得无影无踪了。为了生活得好一点，多捞一些美元，竟忍气吞声心甘情愿地住在一个中国人被视为不知是几等（反正连二等也够不上）公民的国家里，天天吃着嗟来之食，我真想问一声：美国的黄油面包你咽得下去吗？自己国家的事办不好，有骨气的人都应当咬一咬牙，排除万难，把自己的事办好，焉得厚着脸皮赖在人家的国家里不走！

请大家千万不要误会，我并不是笼统地反对加入外国国籍。有的中国人，虽然入了美国籍，但身在异域，心悬中华，想方设法，帮助祖国办好教育，搞好科研，希望祖国真正富强起来。这样的人，在别的国家是极少见的。有的西方国家的人，一旦异化为美国人，就弃自己原来的祖国若敝屣，这同他们缺少真正的爱国主义这一件事实是密切相连的。

但是，话又说了回来，我对那些极少数身处异域、心悬中华的人，虽然有点尊敬；但是，我的尊敬是有限度的。在我的心理天平上，这种人同学成回国宁愿一箪食一瓢饮的人，分量是有相当大的悬殊的。

## 语言，特别是外语的功能

上面的话扯得太远了，还是收回来谈语言问题为宜。

语言是什么？如果硬钻牛角，世界上许多语言学派都有自己对语言下的定义，我个人觉得，这些定义都有片面的道理，但都有偏颇之处。我在这里不是写论语言的专著，我想完全不理会那些定义，我想只用传统的对语言的看法也就够了，这种看法就是：语言是人类交流思想的工具。这是不是就是想说，只有人类才有思想，因而才有思想交流的工具呢？也还不这样简单。人类中有哑巴一种人，他们无语言而有思想，想要交流，只能靠手势。至于他们如何理解外在的世界，恐怕永久会成为一个谜。除非哑巴忽然能说了话，别人实无法越俎代庖。这问题我在这里先不谈。

至于禽兽有无语言，我知道，国外个别语言学家是主张禽兽也有语言的。这个问题同我现在要谈的问题无关，我在这里也先不谈。

我现在谈语言的功能，特别是外语的功能。对我们懂汉语又懂外语的人来说，同外国人交流思想，外语是绝对不可缺少的。然而，我却听说，30 年代一个国民党政府驻意大利的公使（那时候还没有大使）只用一个意大利文相当于汉语“这个”的词儿，就能指挥使馆里的意大利工作人员完成他的指示。比如说，他指着窗子说“这个”“这个”。意大利人一看窗子，如果是开着，就把它关上；如果是关着，就把它打开。于是任务完成，皆大欢喜。其余的事情可以此类推。宋代赵普以半部《论语》治天下，我们的公使先生以“这个”一词治大使馆，古今异曲同工，堪称佳话。然而外语之为用渺乎小矣！

这当然是一个极端的例子，然而确实是事实。如你不信，我再举一个例子。50年代我随中国科学院代表团赴东德开会，在莫斯科旅馆中碰到一位中国民主妇联的领导人，一位著名的国际活动家。她是从中国到日内瓦去开会的，孤身一人，一个翻译也没有带，而她自己又下那一位公使一筹，连外语的“这个”也不会说。然而竟能行万里路，从容不迫。我们私下议论，实在猜不透她在路上是怎样生活的。这也是一个事实。外语的功能又显得渺小了。

但是，我必须郑重声明，这些个别的例子，虽为事实，实不足为训。那一位到了日内瓦参加会议时必定会用翻译的；那一位公使在外交谈判中只用“这个”，也是办不到的。我绝不是劝人不学外语，而是劝人外语学得越多越好。我只想告诉读者，汉语和外语的功能都不是绝对化的。我们不是哑巴能够说话，但有时还未免要动用手势。中国古时就有言意之辨，言是难以尽意的。不管怎样，我个人的经验是，掌握汉语或外语越好，则动用手势越少；反之则越多，而产生误会的机会也就越多。这种情况有时会影响思想交流，影响社会生活。在关键时刻，还会贻误“戎机”，产生极其恶劣的影响。因此我们必须尽上一切力量掌握好汉语和外语。

### 翻译的危机

一个人掌握一种外语，已极不易，遑论多种！但是，居今之世，国与国之间必须打交道，打交道就必须靠翻译。这已是常识，不必多谈。

中国是最早的有翻译的国家，在先秦典籍中，已有翻译的记载。自从汉代印度佛教传入中国以后，中印高僧以及其他一些中亚民族的高僧，从事译经工作者，代不乏人。明末欧风东渐，又掀起了一股从西方语言译为汉文的高潮。此外，还有古今少数民族，如藏、蒙、回鹘等等，也都翻译了大量的佛典。到了近代和现当代，翻译的范围日益扩大，翻译的功能日益显著。在某一些方面，已经到了没有翻译就无法过日子的程度了。

从上面极其简略的叙述中，我们已经可以断言，从古至今，从实践到理论，中国都可以算是世界翻译第一大国。然而，根据我个人的经验和观察，中国现在存在着相当严重的翻译危机。我们翻译的量不是世界第一；我们翻译的面也不是世界第一；我们翻译的及时程度更不是世界第一。在这些方面，日本都走在我们前面。我个人没有研究过日本的翻译，他们的质量怎样，我不敢瞎说。但是，我们中国当前的翻译质量却不能不令人忧心忡忡。我接触的翻译并不是太多；但是，仅就我接触到的那一些来说，质量或多或少是有问题的，其中原因很多。有的译者外语水平不高，又不肯下死功夫去学习，急功近利，靠翻字典来翻译。有的人自以为是，连字典也不肯翻，抓住一本书，就译开了。其结果如何，不问可知。出版社的所谓责任编辑，有的通外语，有的通之不多，他们有的不肯核对原文。社会上，出版界，又缺乏有力的审查和监督制度。我认为，这是一种极不负责的态度。现在有某一些译本，不用查原文，仅从汉文不通之处，就能推知译文是有问题的。可惜这种危机现象还并没有能引起社会上，尤其是文艺界和学术界的普遍关注，一味听之任之，文恬武嬉，天下太平。

然而，我的心里面却无论如何也太平不下去，我深深知道翻译的重要性。从外国原作者来说，不管他们的学问多么大，书写得多么精彩，对不懂原书的语言的外国人来说却都是像天书一般。谁也没有如来佛那样大的本领，有天眼通，有天耳通，能识尽人世间一切文字和语言。在世界各国，不管你能通多少外语，反正不能尽通。像这样能通多种外语的人，还不得不依靠翻译，遑论他人！就全体而论，我们中国人，尽管谁也不敢说我们缺少学习外语的天才，可是，事实上，我们由于种种原因，同东方一些国家相比，我们中国的外语水平还是比较低的。专以英文水平而论，我们的普遍性和水平较之印度，甚至亚洲和非洲的一些国家，还是有相当差距的。不承认这一点，不能算是实事求是的态度。

学习外语，浅尝辄止，似乎并不困难。但要精通，却必须付出极大的劳动，还必须有相当高的才能。二者缺一不可。我举口译作一个例子。50 年代和 60 年代前半，周恩来总理接见外宾，形形色色，除了政治家之外，有时也会有著名的学者和艺术家。这时候陪同会见的人中往往有中国的学者和艺术家、文学家等参加，我也有幸多次参加这样的会见。在这样的场合，口头译员是必不可少的。有时候，在外宾离去后，周总理往往让中国陪同人员留下，谈一谈刚才招待的情况。外宾在时，我的任务只不过是揖让进退，鞠躬如也，奉陪末座，一言不发。外宾一走，我们这些刚才是木雕泥塑的人，现在也活了起来，必须开口说话了。有一次，周总理含笑问翻译说："今天你又贪污了多少呀？"翻译也笑着回答说："不多，不多！至多不过 20%。"此时，郭沫若也在座，他接起话头说："我在日本住了多年，家中说的是日本话。但是，如果今天让我担任日语口译，我最多也只能翻到 80%。能有这个成绩，就应该表扬了。"总理点头称是。

又有一次，还是这样的场合，周总理对外宾说话时，使用"倚老卖老"这样一句俗话，翻译虽然译出来了，但感到有点困难。这一点总理也注意到了。于是在外宾离去后，他就同大家讨论"倚老卖老"究竟如何译为英文才算妥帖。大家七嘴八舌，最终也没有找到一个大家都满意的不失原文韵味的译法。

这仅仅是两个例子，但从中也足以看出口译之困难。口译难，笔译也不易。在这两方面，我个人都有不少经验与教训。我曾学习过不少的外语，但是，有的已经交还给老师。在剩下的那些外语中，笔译我使用过五六种，其中包括那一种稀奇古怪的吐火罗文。从梵文中译成汉文的最多，巴利文、英文和德文都有。口语能应用到一定程度的，只有英文和德文。口译工作我也曾作为临时客串担任过，其中困难，我所深知。端坐罗满山珍海味的宴会桌前，食难下咽，如坐针毡。大约只有干过这一行的，才能知道其中的滋味。至于我的口译究竟贪污了多少，那就概难言矣。在这里，我还必须声明一句：我对有一些外语都是用过十年寒窗的苦功的，绝非仓促临阵磨枪。

我刺刺不休地说这些话有什么用呢？我只想说一点，就是学习外语并不容易。我在下面还会谈到这个问题。这同今天的翻译危机有什么瓜葛呢？我个人认为，今天翻译之所以有危机，最根本的原因就是，有一些译者有意或无意地认为学习外语很容易。我们必须下定决心，力矫这种弊端，然后我们外语界才有希望。

### 学习哪一种外语

我在上面多次谈到学习外语的重要性。但是，在世界上，民族林立，几乎都各有各的语言或方言，其数目到现在仍然处在估计阶段，究竟有多少，没有人能说得清楚。至于语言的系属和分类的方法，更是众说纷纭，一直也没有大家都承认的定论。

一个明显的问题摆在我们眼前：我们中国人要学习哪一种或几种外语呢？这个问题在中国实际上已经解决了，学校里，科研单位，社会上，都在学习英语，而这个解决方式是完全正确的。

当年马克思和恩格斯共同领导世界共运时，根据传记的记载，他们二人之间也有所分工，马克思主要搞经济问题和理论研究，恩格斯分工之一是搞军事研究，在他们的圈子里，恩格斯有一个绰号叫“将军”。至于语言，二人都能掌握很多种。希腊文和拉丁文在中学就都学过，马克思能整面整段地背诵古希腊文学作品。据说他们对印度的梵文也涉猎过。他们二人都能用德、英、法文写文章。德文以外，用英文写的文章最多，这是当时的环境使然，不足为怪。恩格斯更是一个语言天才，磕磕巴巴能说十几种外语。他们同家属一起到北欧去旅游，担任翻译的就是恩格斯。

总起来看，他们学习外语的方针是：需要和有用。

60 年前，当我在德国大学里念书的时候，德国文科高中毕业的大学生，在中学里至少要学三种外语：希腊文、拉丁文、英文或法文。拉丁文要学 8 年，高中毕业时能用拉丁文致辞。德国大学生的外语水平，同我们中国简直不能同日而语，这对他们不管学习什么科都是有用的。欧洲文化的渊源是古希腊和罗马，他们掌握了这两种语言，给他们的人文素质打下了深厚广阔的基础。至于现代语言，比如英文、法文、荷兰和北欧诸国的语言，由于有语言亲属关系，只要有需要，他们用不着费多大的力量，顺手就能够捡起。据我的观察，他们几乎没有不通英文的。

总之，他们学习外语的方针依然是：需要和有用。

我们中国怎样呢？我们学习外语的目的和方针也不能不是需要和有用。

拿这两个标准来衡量，我们今天学习外语首当其冲的就是英语。而近百年来我们的实践过程正是自觉或不自觉地遵守了这个方针。五四运动前，英语已颇为流行。我们通过英语学习了大量的西方知识，连德、法、俄、意等国的著作，也往往是通过英语的媒介翻译成了汉文的。五四运动以后，有些地方从小学起就开始学英文。初中和高中都有英文课，自然不在话下。山东在教育方面不是最发达的省份，但是，高中毕业生都会英文。学习的课本大概都是《泰西五十轶事》《天方夜谭》《莎氏乐府本事》等等，英文文法则用《纳氏文法》。从这些书本来看，程度已经不算太浅了。可是，根据我的观察和经验，山东英文水平比不上北京、上海等地的高中毕业生。在这两个地方，还加上天津，有的高中物理学已经采用美国大学一年级的课本了。

总而言之，简短截说一句话，中国一百年以来，学习外语，选择了英文，是完全合情合理的，是顺乎世界潮流的。

大家都知道，英文是英国、美国、加拿大、澳大利亚、新西兰等国的国语。连在印度，英文也算是国语之一。印度独立后第一部宪法规定了英文作为印度使用的语言的使用期，意思是，过了那个时限，英文就不再是宪法规定的使用语言了。但是，由于印度语言和方言十分繁杂，如果不使用英文，则连国会也难以开成。英文的使用期不能不无限期地延长了。在非洲，有一些国家也不得不使用英文。我们中国人，如果能掌握了英文，则游遍世界无困难。在今天的世界上，英文实际上已经成了“世界语”了。

说到“世界语”，大家会想到 1887 年波兰人柴门霍夫创造的 Esperanto。这种“世界语”确实在世界上流行过一阵。中国人学习的也不少，并且还成立了世界语协会，用世界语创作文学作品。但是，到了今天，势头已过，很少有人再提起了。此外还有一些语言学家制造过一些类似 Esperanto 之类的人造语言，没有产生什么效果。有的专家就认为，语言是自然形成的，人造语言是不会行得通的。

可是，据我所了解到的，有人总相信，世界上林林总总的人民，将来有朝一日，总会共同走向大同之域，人类总会有，也总需要有一种共同的语言。这种共同语言不是人造的，而是自然形成的。但形成也总需要一个基础，这个基础是哪一种语言呢？从眼前的形势来看，英文占优先地位。但是，英文能不能成为真正的“世界语”呢？我听有人说，英文单独难成为“世界语”的。英文的结构还有一些不合乎人类思维逻辑的地方。有的人就说，最理想的“世界语”是英文词汇加汉语的语法。这话初听起来有点近似开玩笑。但是，认真考虑起来，这并非完全是开玩笑。好久以来，就有一种汉文称之为“洋泾浜英语”，英文称之为 Pidgin English 的语言，是旧日通商口岸使用的语言。出于需要，非说英语不行，然而那里的中国人文化程度极低，没有时间，也没有能力去认真学习英语，只好英汉杂烩，勉强能交流思想而已。这种“洋泾浜英语”，好久没有听说了。不意最近读到《读书》1998 年第 3 期，其中有一篇文章《外语为何难学？》一文中讲到：语言具有表达形式与表达功能两套系统。两套系统的“一分为二”还是“合二而一”，直接影响到语文本身的学习。作者举英语为例，儿童学话，但求达意，疏于形式，其错误百出，常令外人惊愕。如 I done it（I did it）（我做了它）；She no sleeping（She is not sleeping）（她没有睡）；Nobody don’t like me（Nobody like me）（没有人喜欢我）。这表示功能与形式有了矛盾，等到上学时，才一一纠正。至于文盲则“终身无悔”了。当它作为外语时，这一顺序则正相反，即学者已经具备表达功能，缺少的仅仅是一套表达形式。作者这些论述给了我许多启发。三句例子中，至少有两句合乎“洋泾浜英语”的规律。据说“洋泾浜英语”中有 no can do 这样的说法，换成汉语就是“不能做”。为什么英国小孩学说话竟有与“洋泾浜英语”相类似之处呢？这可能表示汉语没有形式变化，而思维逻辑则接近人类天然的思维方式。英语那一套表达形式中有的属于画蛇添足之类。因此，使用英语词汇，统之以汉语语法，从而形成的一种世界语，这想法不一定全是幻想。这样语言功能与表达形式可以统一起来。这种语言是人造的，但似乎又是天然形成的，与柴门霍夫等的人造的世界语，迥异其趣。

### 怎样学习外国语

这是我经常碰到的一个问题，也是学外语的人容易问的一个问题。我在 1997 年给上海《新民晚报》“夜光杯”这一栏一连写了三篇《学外语》，其中也回答了怎样学习外语的问题。现在让我再写，也无非是那一些话。我索性把那三篇短文抄在这里，倒不全是为了偷懒。其中一些话难免与上面重复，我也不再去改写了，目的在保存那三篇文章的完整性。话，只要说得正确，多听几遍，料无大碍。

（一）

现在全国正弥漫着学外语的风气，学习的主要是英语，而这个选择是完全正确的。因为英语实际上已经成了一种世界语。学会了英语，几乎可以走遍天下，碰不到语言不通的困难。水平差的，有时要辅之以一点手势。那也无伤大雅，语言的作用就在于沟通思想。在一般生活中，思想绝不会太复杂的。懂一点外语，即使有点“洋泾浜”，也无大碍，只要“老内”和“老外”的思想能够沟通，也就行了。

学外语难不难呢？有什么捷径呢？俗话说：“天下无难事，只怕有心人。”所谓“有心人”，我理解，就是有志向去学习又肯动脑筋的人。高卧不起，等天上落下馅儿饼来的人是绝对学不好外语的，别的东西也不会学好的。

至于“捷径”问题，我想先引欧洲古代大几何学家欧几里德（也许是另一个人。年老昏聩，没有把握）对国王说：“几何学里面没有御道！”“御道”，就是皇帝走的道路。学外语也没有捷径，人人平等，都要付出劳动。市场卖的这种学习法、那种学习法，多不可信，什么方法也离不开个人的努力和勤奋。这些话都是老生常谈，但是，说一说绝不会有坏处。

根据我个人经验，学外语学到百分之五六十，甚至七八十，也并不十分难。但是，我们不学则已，要学就要学到百分之九十以上，越高越好。不到这个水平你的外语是没有用的，甚至会出娄子的。我这样说，同上面讲的并不矛盾。上面讲的只是沟通简单的思想，这里讲的却是治学、译书、做重要口译工作。现在市面上出售为数不太少的译本，错误百出，译文离奇。这些都是一些急功近利、水平极低而又懒得连字典都不肯查的译者所为。说句不好听的话，这些都是假冒伪劣的产品，应该归入严打之列的。

我常有一个比喻：我们这些学习外语的人，好像是一群鲤鱼，在外语的龙门下洑游。有天资肯努力的鲤鱼，经过艰苦的努力，认真钻研，锲而不舍，一不要花招，二不找捷径，有朝一日风雷动，一跳跳过了龙门，从此变成了一条外语的"龙"，他就成了外语的主人，外语就为他所用。如果不这样做的话，则在龙门下游来游去，不肯努力，不肯钻研，就是游上一百年，他仍然是一条"鲤鱼"。如果是一条安分守己的鲤鱼，则还不至于害人。如果不安分守己，则必然堕入假冒伪劣之列，害人又害己。

做人要老实，学外语也要老实。学外语没有什么万能的窍门。俗语说："书山有路勤为径，学海无涯苦作舟。"这就是窍门。

（二）

前不久，我写过一篇《学外语》，限于篇幅，意犹未尽，现在再补充几点。

学外语与教外语有关，也就是与教学法有关，而据我所知，外语教学法国与国之间是不相同的，仅以中国与德国对比，其悬殊立见。中国是慢吞吞地循序渐进，学了好久，还不让学生自己动手查字典，读原著。而在德国，则正相反。据说19世纪一位大语言学家说过："学外语有如学游泳，把学生带到游泳池旁，一一推下水去；只要淹不死，游泳就学会了，而淹死的事是绝无仅有的。"我学俄文时，教师只教我念了念字母，教了点名词变化和动词变化，立即让我们读果戈理的《鼻子》，天天拼命查字典，苦不堪言。然而学生的主动性完全调动起来了。一个学期，就念完了《鼻子》和一本教科书。实践是检验真理的唯一标准，德国的实践证明，这样做是有成效的。在那场空前的灾难中，当我被戴上种种莫须有的帽子时，有的"革命小将"批判我提倡的这种教学法是法西斯式的方法，使我欲哭无泪，欲笑不能。

我还想根据我的经验和观察在这里提个醒：那些已经跳过了外语龙门的学者们是否就可以一劳永逸地吃自己的老本呢？我认为，这吃老本的思想是非常危险的。一个简单的事实往往为人们所忽略，世界上万事万物无不在随时变化，语言何独不然！一个外语学者，即使已经十分纯熟地掌握了一门外语，倘若不随时追踪这一门外语的变化，有朝一日，他必然会发现自己已经落伍了，连自己的母语也不例外。一个人在外国待久了，一旦回到故乡，即使自己"乡音未改"，然而故乡的语言，特别是词汇却有了变化，有时你会听不懂了。

我讲点个人的经验。当我在欧洲呆了将近11年回国时，途经西贡和香港，从华侨和华人口中听到了"搞"这个字和"伤脑筋"这个词儿，就极使我"伤脑筋"。我出国之前没有听说过。“搞”字是一个极有用的字，有点像英文的 do。现在“搞”字已满天飞了。当我在 80 年代重访德国时，走进了饭馆，按照四五十年前的老习惯，呼服务员为 hever ofer，他瞠目以对。原来这种称呼早已被废掉了。

因此，我就想到，不管你今天外语多么好，不管你是一条多么精明的“龙”，你必须随时注意语言的变化，否则就会出笑话。中国古人说：“学如逆水行舟，不进则退。”要时刻记住这句话。我还想建议：今天在大学或中学教外语的老师，最好是每隔五年就出国进修半年，这样才不致被时代抛在后面。

（三）

前不久，我在“夜光杯”上发表了两篇谈学习外语的千字文，谈了点个人的体会，卑之无甚高论，不意竟得了一些反响。有的读者直接写信给我，有的写信给“夜光杯”的编辑。看来非再写一篇不行了。我不可能在一篇短文中答复所有的问题，我现在先对上海胡英琼同志提出的问题说一点个人的意见，这意见带有点普遍意义，所以仍占“夜光杯”的篇幅。

我在上述两篇千字文中提出的意见，归纳起来，不出以下诸端：第一，要尽快接触原文，不要让语法缠住手脚，语法在接触原文过程中逐步深化。第二，天资与勤奋都需要，而后者占绝大的比重。第三，不要妄想捷径，外语中没有“御道”。

学习了英语再学第二外语德语，应该说是比较容易的。英语和德语是同一语言系属，语法前者表面上简单，熟练掌握颇难；后者变化复杂，特别是名词的阴、阳、中三性，记得极为麻烦，连本国人都头痛。背单词时，要连同词性 der，die，das 一起背，不能像英文那样只背单词。发音则英文极难，英文字典必须使用国际音标。德文则一字一音，用不着国际音标。

学习方法仍然是我讲的那一套：尽快接触原文，不惮勤查字典；懒人是学不好任何外语的，连本国语也不会学好。胡英琼同志的具体情况和具体要求，我完全不清楚。信中只谈到德文科技资料，大概胡同志目前是想集中精力攻克这个难关。

我想斗胆提出一个“无师自通”的办法，供胡同志和其他读者参考。你只需要找一位通德语的人，用上两三个小时，把字母读音学好，从此你就可以丢掉老师这个拐棍，自己行走了。你找一本有可靠的汉文译文的德文科技图书，伴之以一本浅易的德文语法。先把语法了解个大概的情况，不必太深入，就立即读德文原文，字典反正不能离手，语法也放在手边。一开始必然如堕入五里雾中。读不懂，再读，也许不止一遍两遍。等到你认为对原文已经有了一个大概的了解，为了验证自己了解的正确程度，只是到了此时，才把那一本可靠的译本拿过来，看看自己了解得究竟如何。就这样一页页读下去，一本原文读完了，再加以努力，你慢慢就能够读没有汉译本的德文原文了。

科技名词，英德颇有相似之处，记起来并不难，而且一般说来，科技书的语法都极严格而规范，不像文学作品那样不可捉摸。我为什么再三说“可靠的”译本呢？原因极简单，现在不可靠的译本太多太多了。

1997 年

# 大学外国语教学法刍议

我们学习外国语，不是在大学里才开始的。从中学起，有的人甚至从小学起已经学起外国语来了。但是小学生和中学生智力发达尚未成熟，所以他们应该有他们独特的学法，我们在这里不谈。我们要讨论的只是大学里外国语的教学法。

我这里说的外国语是指平常所谓的第二、第三外国语，就是在大学里才开始学的。在中国读过大学的人大概都有学习第二外国语甚至第三外国语的经验。有的学一年，有的学两年、三年，甚至四年。学习的期间虽有短长，但倘若问一个学过的人，他学的成绩怎样，恐怕很少有不摇头的。

我也在大学里学过两种外国语。教务处注册股的先生们或者认为我已经学成了。因为在他们的本子里我的分数都是非常好的。而且还因了其中一种的分数特别好而得到出国的机会。但是我却真惭愧。送我出国的这一种外国语还是我到了它的本国以后才学好的。另外一种也是在那个国度里学到能看书的程度。同我同时学的朋友们情形也同我差不多。当然，这里也正像别处一样天才是缺不了的。他们念上十页八页的文法，一百个上下的单字，再学会了查字典，以后写起文章来，就知道怎样把英文的 as if 翻成德文的 als ob，括弧里面全是洋字，希腊、拉丁、德文、法文全有。这样就很可以吓倒一个人。至于他们能不能看书呢，那就只有天知道了。

虽然有这样的天才撑场面，但人们还是要问，为什么中国大学生学外国语的成绩这样不高明？难道他们的资质真不行吗？我想无论谁只要同外国大学生在一块念过书都会承认，我们中国学生的天资并不比外国学生差。原因并不在这里。

但原因究竟在哪里呢？这问题我觉得也并不难回答，我们只要一回想我们自己学习外国语的经过和当时教员所用的方法就够了。普遍大概都是这样：教员选定一本为初学者写的文法，念过字母以后，就照着书本一课一课地教下去，学生也就一课一课地学。速度快的，一年以内可以把普通文法教完；慢的第二学年开始还在教初级文法。有的性急的教员等不到把文法学完就又选定一本浅明的读本一课一课地讲下去。学生在下面用不着怎样预备，只把上一次讲过的稍稍看一看，上堂时教员若问到，能够抵挡一阵，不管怎样糊涂，也就行了。反正新课有教员逐字逐句讲解，学生只需在半醒半睡中用耳朵捉住几句话或几个字就很够很够了，字典是不用自己查的。于是考试及格，无论必修或选修都得了很好的分数，堂皇地写在教务处注册股的大本子里。教员、学生，皆大欢喜。

就这样，学上两年甚至三年外国语，除了极少数极少数的例外以外，普通学生大概都不能看书。最初也许还能说那么十句八句的话，但过上些时候，连这些话也忘净了，于是自己也就同这门外国语言绝了交。

这真是一个莫大的损失。大好光阴白白消耗掉，这已经很可惜了。但更重要的却是放掉一个学习现代学者治学最重要的工具的机会。现代无论哪一国哪一门的学者最少也要懂几种外国语，何况在我们这学术落后处处仰给别人的中国？而且这机会还是一放过手就不容易再得到，因为等到大学毕业自己做事或开始独立研究学问的时候，就很难再有兴致和时间来念作为工具用的外国语了。

这简直有点近于一个悲剧。这悲剧的主要原因，据我看，就在教学法的不健全。自从学字母起，学生就完全依赖教员。教员教一句，学生念一句。一直到后来学到浅近的读本，还是教员逐字逐句地讲。学生从来不需要自动地去查字典，教员讲得再好，学生仍然不能知道直接去念外国书的困难，仿佛一个小孩子，从下生起就吃大人在嘴里嚼烂的饭，一直吃得长大起来，还不能自己嚼饭吃，以后虽然自己想嚼也觉得困难而无从嚼起了。

我们既然知道了原因所在，就不难想出一个挽救的方法，这方法据我看就在竭力减少学生的依赖性。教员应该让学生尽早利用字典去念原文，他们应该拼命查字典、翻文法，努力设法把原文的意思弄明白。实在自己真弄不明白了，或者有的字在字典上查不到，或者有的句子构造不清楚，然后才用得着教员。在这时候，学生已经自己碰过钉子，知道困难的所在，而且满心在期待着得到一个解答，如大旱之望甘霖，教员一讲解，学生蓦地豁然贯通，虽然想让学生记不住也不可能了。这样练习久了，我不信他们会学不好外国语。这方法并不是什么新发明，在外国，最少是在我去过的那个国度里，是最平常的。我现在举一个学俄文的例子。第一点钟，教员上去，用了半点钟的时间讲明白俄文在世界语言里尤其是印欧语系里的地位，接着就念字母。第二点钟，仍然念字母。第三点钟，讲了讲名词的性别和极基本浅近的文法知识，就分给学生每人一本果戈理的短篇讽刺小说《鼻子》，指定了一部字典，让每个人念十行。我脑筋里立刻糊涂起来，下了课用了一早晨的力量才查了六行，有的字只查到前面的一半，有的字根本查不到，意思当然更不易明白。心里仿佛有火在燃烧着，我恨不能立刻就得到一个解答。好容易盼到第二堂上课。教员先让学生讲解，但没有一个人能够讲一个整句。结果还是他讲，大家都恍然大悟，不自觉地轻松地笑起来。他接着又讲了半点钟的文法，才下了课。就这样，在一个学期内念完了初级文法和果戈理的《鼻子》。

这教法或者有点霸道，我承认。学生在课外非有充分的时间来预备不可。但是成绩却的确比我们大学里流行的教法好。除非学生低能，在两年内一定可以看普通的书。与其让学生不痛不痒地学上两年结果是等于白学，何如让学生多费点力量而真得其实惠呢?

19 世纪德国大语言学家 Ewalp 就用这方法教学生，而且应用得还特别认真。跟他念过书的学生一谈起来没有一个不头痛的。后来他自己也听到了，就对人说:

> 学外国语就像学游泳。只是站在游泳池旁讲理论，一辈子也学不会游泳。我的方法是，只要有学生到我这里来，我立刻把他推下水去。只要他淹不死，游泳就学会了。

我希望中国的教员先生们有推学生下水的勇气，青年同学们有让教员推下水去的决心。

1946 年

# 新世纪应用语言学的几个问题

今年是21世纪的第一年，也是第三千纪的第一年，是人类历史上一个重大的转折点。世界上各国政府和人民都在考虑这一个世纪的行动计划。我们中国语言文字研究者何独不然！

最近若干年来，我因为忙于其他研究工作，很少考虑中国语言文字的研究，对情况不甚了了。幸蒙陆俭明教授给我提供了一些资料，使我茅塞顿开，才斗胆提出下面的几点看法。

首先谈一点原则性的意见。全世界语言文字发展演化的历史都证明了一个事实：语言文字变化是绝对的，不变是相对的。由于一时的需要，由政府出面以法令的形式规范语言文字，是有必要的，也是能奏效的。但是，如果想以此来禁锢语言文字的变化与发展则是不可能的。

在这一个新世纪内，语言学，特别是应用语言学，要研究的问题实甚繁多。我现在从中选出我有兴趣的几项，谈一点自己的想法。

有人说，继农业经济和工业经济之后是知识经济，这种经济已经露出了端倪，必将大盛于21世纪。与知识经济有密切联系的是信息科学，其中包括中文信息处理。在这一方面我们已经做出了不少的成绩，但是离信息科学发展的需要还有相当大的距离。现代语言研究的滞后，已严重影响着信息工程科学的发展。我们中国语言学界必须认清这个形势，努力工作，奋发图强，以便赶上时代前进的步伐。

其次，我想谈一谈对外汉语教学的问题。随着中国国际地位的提高和经济发展的飞速前进，外国人学习汉语的积极性也日益提高。但是我国语言学界在这方面的研究和所采取的实际措施，远远不能令人满意。在这里，我们也必须努力工作，奋发图强，以便赶上时代前进的步伐。

再次，我想谈一点对汉语词典编纂的看法。享誉书林的《现代汉语词典》《新华字典》等词典，一再重印，给人们学习汉语提供了极大的方便。但是，人民群众创造的新词儿不断出现。一部想跟上时代要求的词典，必须随时把约定俗成、为人民普遍接受的新词儿补充到词典里去，每一次再版，面目必须有所改变，绝不能以不变应万变。

最后，我还想提出一个似与本题无关而实有关的建议：

要进行认真的汉语与同一语系语言的比较研究，从而真正摸索出汉语的特点。再走《马氏文通》的路子，已经不合时宜了。

1999 年 10 月 2 日

——用的是 2000 年的口气

# 佛教梵语研究*

我在德国十年学习期间，主要精力就用在学习梵文和巴利文上。Prof.Waldschmidt 给我的博士论文题目是研究佛教梵语的，有人也称之为“混合梵文”或“偈陀语言”。这是一种基本上是梵文但又掺杂下不少古代方言的文字。在小乘向大乘过渡的期间，或者在我称之为“原始大乘佛教”的期间，许多佛典都是用这种文字写成的。有的佛典原来是用纯粹方言写成的。随着“梵文的复兴”以及一些别的原因，佛典文字方言成分逐渐减少，而梵文成分则逐渐增多，于是就形成了所谓“佛教梵语”。在这些方言中，东部方言摩揭陀语占有很大的比重。于是，有的学者就推测，最初可能是用古代东部半摩揭陀方言纂成了“原始佛典”（Urkanon）。有人激烈反对这种说法；

* 本文选自山西人民出版社 2001 年出版的季羡林著《学海泛槎》一书。——编者注

但是，依我之见，这种假设是合情合理的，反对者的花言巧语是一点也没有用处的，是徒劳的。

我研究这种语言有我独特的特点，我不仅仅是为分析语法现象而分析，我有我的目的，我是尝试着通过语言现象来探寻一部经典的产生时代和地区。根据我个人的经验，这是行之有效的办法，而且是证据确凿的，别人想否定也是不可能的。印度古代有众多方言，既云方言，必然具有地域性，而且这地域性表现得十分明显；阿育王在印度许多地方竖立的石碑和石柱，上面的铭文明确无误地指明了方言的地域性，是最有价值的参照资料。

先师陈寅恪先生以国学大师、特别是考证大师，蜚声国内外士林。但是，明眼人都能在陈师著作的字里行间窥探出其中蕴涵的义理。考证的目的在于求真求实，而真实又是历史研究的精髓。对史料不做考证求实的工作而妄加引用，或歪曲原意，或削足适履，不管有意还是无意，都是不道德的行为，为真正有良心的学者所深恶痛绝。寅恪先生的义理，内容极为丰富，笼统言之，不外中国文化的本质、中国文化的衍变、中国文化的传承、文化与民族的关系等等，总之是离不开中国文化的。以我愚钝，窃不自量力，也想在自己的语言形态变化的踏踏实实的考证中寓一点义理；义理就是我在上面讲的佛教历史的演变，以及部派的形成与传承等等。

我在 1940 年和 1941 年在德国哥廷根大学获得哲学博士学

位。为什么我写成了两年呢？因为当时第二次世界大战正在激烈进行，我的导师 Prof.Waldschmidt 被征从军。因此，我的博士答辩共举行了两次：一次在 1940 年，一次在 1941 年，这是极为少见的现象。这一点我从来没有讲过，我现在在这里补充说明一下。获得学位后，由于战事关系，我被迫留在哥廷根大学教书；同时仍然集中全力，在极端艰苦的条件下，从事佛经梵语的研究；发表过几篇我自认颇有分量的论文，我今天未必再能写得出来。第二次世界大战结束后，如果我继续留在哥廷根大学教书，或者赴英国剑桥大学去教书，那么，我的佛经梵语研究一定还会继续下去的，我自信在这方面还能有所发现，有所创造的。但是，人是无法真正掌握自己的命运的，我回到了祖国，来到了北京大学，一转眼就过了半个世纪。由于受到资料和信息的限制，我的佛经梵语研究无法继续下去，只好顺应时势改了行。我在科学研究方面是一个闲不住的人，我尝试了很多研究领域，成了一名“杂家”。现在追忆起来，有一个问题我自己也无法回答：是我留在欧洲在学术上发挥作用大呢？还是回到国内来发挥作用更大？一般的看法是后者发挥作用更大。我虽然还没有对自己的生命画句号的计划，但自己毕竟已经到望九之年，这个问题留待后人去回答吧。

# 文化交流推动人类社会前进*

近若干年以来，我逐渐形成了一个颇为自信的观点：文化交流是推动人类社会前进的重要动力之一。我们简直无法想象，如果没有历史上的文化交流，我们今天的社会会是一个什么样子。

文化交流的范围极为广博，天文地理、医卜星象、科学技术、哲学思想、伦理道德、宗教信仰，以及人类社会的方方面面，旮旮旯旯，下至草木虫鱼、花果菜蔬，无一不在文流范围以内。但是，据我个人的观察和思考，在众多的交流对象中，文学交流历时最久，领域最广，影响最大，追踪最易。文学交流中包含民间文学，比如寓言、童话、小故事等，都是民间老百姓创造出来的。民间文学，同其他文化交流对象一样，

---

* 本文是季羡林为河北教育出版社2000年出版的《20世纪中外文学交流史》一书所写的序。——编者注

最少保守性，最少保密性，一旦被创造出来，便立即向外传播，不分天南和海北，不分民族和国家，无远弗届。这样的例子比比皆是，举不胜举。我只举一个以概其余。19 世纪德国比较文学史大家 T·本费埃（Benley）追踪印度著名的寓言童话集《五卷书》，写成了一部巨著，描述了《五卷书》在大半个世界流传演变的情况，其国家之众多，语言之繁杂，头绪之交叉，线索之迷离，真令人惊诧不已，谁也不会想到一部简单的寓言童话集竟会有这样大的生命力，竟会有这样大的迷人感人的力量。像《五卷书》这样的事例，研究中外文学交流的，特别是中外民间文学交流的专家们都知道得很多很多。在中外文学交流中，民间文学的交流实居首位。《五卷书》确实没有以整本书的形式传入中国，但是其中的一些寓言、童话和小故事，确亦传入中国，在中国民间故事以及文人的创作中，在极其悠久的历史上，蛛丝马迹，确能寻出。

回溯一下两千多年的中外文学交流的历史，我们能够发现，在先秦时期已有外国文学传入的痕迹，主要是印度文学。例如“狐假虎威”的故事见于《战国策》。还有一些其他的故事，看上去都不像是中国土产。这一点西方的汉学家早就指出过。可能受外国影响的最突出的例子是《楚辞》。《离骚》已有一些域外的色彩和词句，《天问》中特别突出，其中一些类似荒诞的神话，与以《诗经》为代表的黄河流域的文学创作，迥异其趣。有人怀疑是来自域外，特别是印度，这种怀疑是极有根据的。估计这些神话传说不是通过当时还没有开辟的丝绸之路传进来的，而是通过那一条滇缅道路。这一条道艰险难行，却确实是存在的。

到了汉代，由于丝绸之路的凿通，中外文化交流达到了第一个高峰。中国对于输出文化，其中包括科学技术的发明创造，从来是不吝惜的。我们大度地把我们的四大发明送了出去，这些发明对促进人类文化的发展以及人类社会的进步，都起了决定性的作用。同时，我们对吸取外来文化也绝不保守，只要对我们有用的东西，不管来自何方何国，我们都勇敢地拿过来为我所用。肇自汉代的丝绸之路就是一个彰明昭著的证据。但是，在文学交流方面，却找不出很多的东西。我个人认为，不是没有，而是我们的探讨研究工作还没有到家。印度佛教于汉代传入中国，是文化交流史上的一件大事。后汉三国时代的译经，可以算是文学交流的一种形式。

南北朝时期，五胡乱华，中原板荡，众多的民族逐鹿于北疆，宋、齐、梁、陈偏安于南国；然而文化交流却并没有停止。在文学交流方面，主要是输入；输入又主要来自印度。在印度的，多半是随着佛教进来的影响，为中国汉语文学创作增添了很多新内容，名目庞杂的鬼神志怪之书大量出现。此事鲁迅在《中国小说史略》中论之颇详。连伪书《列子》中都有印度的故事。至于对诗歌创作至关重要的四声，本是中国汉语中所固有的东西，可是我们以前对它并没有明确的认识。也由于印度古典文献的启迪，终于被发现了，被我们清晰地意识到了，这在中外文学交流史上也不能算是一件无关重要的小事。

唐代又是中国历史上一个非常辉煌的朝代。兵力遍及西域，从而保证了丝路的畅通。首都长安几乎成为世界经济和文化的中心。从向达的《唐代长安与西域文明》中可以看出当时中外文化交流之兴旺频繁。在文学交流方面，也同样可以看出非常活跃的情况。唐代传奇颇受印度文学的影响。王度的《古镜记》从内容到结构形式，都能够找到印度文学的痕迹。至于那些龙女的故事，当然都与印度文学有关，因为龙女本身就是一种舶来品。对此，霍世休作过比较深入的探讨。也有人主张，连韩愈的《南山》，在结构方面，都受到了一些印度的影响。在其他方面，外来的成分也可以找到一些，这里就不再一一列举了。

唐代以后，经过宋、元、明，中外文学交流一直没有断过，不过不像六朝和唐代那样显著而已。明末清初，是中外交流的一个空前转折时期。过去的交流，东部以日本为主，西部以印度、波斯为主。到了此时，欧风东渐，中国的文化交流主要以欧洲为对象了。天主教取代了佛教的地位，澳门成了主要的交流通道。交流对象以天文历算、科学技术为主，其间也杂有文学艺术。有人考证，古希腊的《伊索寓言》已于此时传入中国。绘画方面，有郎世宁的作品，技巧是西方的，有时也流露出一点华夏画风。到了 19 世纪，中西双方相互摸索的时间已经够长了，双方的相互了解已经大为增强了。中国方面少数有识之士，比如林则徐、魏源等等，冲破了闭关锁国的桎梏，张开眼睛看世界，喜见西方世界之昌盛，深感夜郎自大之可笑，遂锐意介绍，积多年之努力而纂成的魏源的《海国图志》可以作为一个代表。此书在日本产生了良好的影响。据说，此书对 1868 年的明治维新也不无贡献。在中国方面，19 世纪末的“洋务运动”表现出中国一部分开明人士向西方寻求救世良药的努力。这个运动最初效果并不十分显著，但它是顺应时代潮流的，是无法抗御的，它自然会持续发展下来，一直到了 20 世纪。

20 世纪是公元第二个千纪的最后一个世纪。在这 100 年里，人类社会的进步速度超过了过去的几千年。好像物理学上物体下坠的定理一样，速度越来越快。就拿 20 世纪之初和世纪末相比，其速度也是极为悬殊的。现在的地球已经小成了一个“地球村”，虽相距千里万里也能朝发夕至。因此，文化交流，其中当然包括文学交流，越来越方便，越来越频繁，效果也越来越显著。在李岫教授等写作的这一部《20 世纪中外文学交流史》中，对文学交流的方方面面都做了细致深刻的叙述和分析，这实在是一件功德无量的事，值得我们大大地予以赞扬的。

文学交流的意义何在呢？我个人认为，物质方面的文化交流能提高世界人民的生活水平。而文学交流则属于精神方面的文化交流，它能提高世界人民的精神境界，能促进世界文学创造的繁荣，更重要的是能促进世界上不同民族的相互了解，增强他们之间的友谊和感情，而最后这一点是极其重要的。世界人民，不管肤色多么不同，语言风习多么歧异，但是他们却有一个共同的愿望：他们要和平，不要战争；他们要安定，不要祸乱；他们要正义，不要邪恶。20 世纪在这方面做出了很坏的榜样，100 年内，狼烟四起，战乱不断；两次世界大战震古烁今。有的大国，手握原子弹和指挥棒，以世界警察自命。这些邪恶现象引起了全世界的公愤。转瞬 21 世纪即将来临，这邪恶现象必将会继续下去。遏止之方不是没有，但是最重要的还要依靠人民的力量。文学交流是沟通人们的心灵和加强团结斗争的重要渠道。20 世纪 100 年的中外文学交流史已由李岫等专家写成了，我相信，这一部总结百年经验的巨著，其影响必将在下一个世纪中更为显著，固乐而为之序。

1999 年 12 月 8 日

# 重新认识西方汉学家的作用*

在世界文化交流史上，拿来与送去是两个表面上似有矛盾而实则有紧密的辩证关系的概念和行动。拿来，就是把别国的文化精华拿了过来，为发展本国的文化提供活力。送去，就是把本国的文化精华送了出去，供别的国家发展自己的文化使用。两个概念不是绝对的，以我为主就是拿来，以别国为主就是送去。二者有时候是难解难分的，拿来和送去的东西，有时并不是精华。殖民主义者最初送给我们的是鸦片，其动机是自己谋利而毒害我国人民。这不属于文化交流的范畴，在人类历史上也是绝无仅有的，不在我们讨论之列。

最近几年以来，我在许多报刊上和会议上都提出来了一个从没有人提过的观点，这就是：文化交流是推动人类社会前

* 本文是季美林为《汉学研究》杂志创刊号写的序，现标题是编者所加。——编者注

进的重要动力之一。没有文化交流，我们简直不能想象今天的世界会是一个什么样子。文化交流的范围，是广阔无垠的。上至天文、地理、宇宙、人生，下至草、木、虫、鱼，以及琐细的日常用品，无一不在交流范围以内。空言无补，我举一个现实的例子。我们现在餐桌上蔬菜的品种日益增多，白菜、萝卜加土豆的“老三样”时期早已不存在了。这不是交流又是从哪里来的呢？

中国从先秦时代起就对内对外进行文化交流。对内，各民族之间进行交流；对外，对周边国家进行交流。最有意义的是同西方国家进行交流。我个人认为，世界文化体系繁多；但是，统而言之，无非是东西两大体系。东方文化体系以中国和印度为核心或者主体。西方文化体系，自古希腊和古罗马起，下及今天的欧美文化皆属之。两大文化体系之间进行交流，形成了今天世界上灿烂辉煌，千姿百态，各具特长而又互相联系的文化，给我们全人类带来了极大的幸福与繁荣。

在中国汉、唐时代，文化发展如日中天，我们既有广阔的胸襟，尽力吸入外来的，特别是来自西方的文化，为我所用，同时又慷慨大度，毫无保留地把中华民族伟大的文化成就，送给了西方和东方。罗盘、火药、造纸、印刷是其中荦荦大者，至于较小的如文学艺术的创作和科技的发明创造，都传遍了整个世界，以其辉煌照亮了全人类前进的路程。

但是，正如世界上万事万物总都在不停地变化一样，文化交流的走向也在变化。西方自从工业革命以后，科学技术的发展日新月异，发展速度越来越快。近两三百年以来，西方文化无远弗届，连最偏僻的地区也难逃脱。中国汉、唐时期的灿烂辉煌，早已被人们遗忘，包括中国人自己在内，都是如此。这种现象我称之为“三十年河东，三十年河西”。这是完全符合历史发展规律的。

有一个事实，常常被人忽略：西方近代文化带给人类的不是只有幸福与进步，也有灾难与弊端。这些弊端多种多样，略举数例，以明真相：大气污染，臭氧出洞，物种灭绝，人口爆炸，生态平衡破坏，淡水资源匮乏，如此等等，不一而足。现在世界上所谓现代化，很大程度上就是西化。西方以外的国家，把西方的好东西化来了，西方文化造成的这些弊端，威胁人类生存前途的弊端，也随之化来。我认为，人类正面临着一场生存危机。救之之方，只有一个，就是利用东方文化，特别是中国文化的精粹思想——“天人合一”的思想，以济西方文化之穷，人类庶几能免于灾难的威胁。

但是，认识到这一点的人，大千世界中寥寥无几。西方绝大多数的人，被“胜利”冲昏了头脑。200 年前英国浪漫诗人雪莱对西方工业化能产生灾害的预言，现在几乎没有人再记起了。他们以“天之骄子”自居，把西方以外的其他民族都视为劣等民族，狂妄骄纵，不可一世，似乎是认为，自从盘古开天地——在西方就是亚当和夏娃——以来，一向就是这样。他们的祖先曾接受过中国文化的恩惠，他们早就忘得一干二净了。同他们谈起这个问题，有如谈“天方夜谭”。在这样的情况下，再要他们来拿中国文化，有如对牛弹琴。另一方面，中国眼前能送去的东西，除古代文化外，也真不多。不仅此也，一些中国青年还患上了“崇洋媚外”的毛病，看不起自己的文化。现在的东西文化交流，实际上变成了西方独流。这大大地不利于世界文化的发展，不利于人类的前进。

所幸在西方浑浑噩噩的芸芸众生中，还有一些人“世人皆醉，而我独醒”，人数虽少，意义却大，这一小部分人就是西方的汉学家。不管是由于什么原因，出于什么动机，他们爱上了中国文化，由爱中国文化进而爱上了中国。我个人颇结识了一些西方的汉学家。他们术业有专精，造诣有高低，但是都对中国怀有深厚的感情。在西方狂妄自大的社会中，有如鹤立鸡群。我现在敢于预言：到了21世纪，阴霾渐扫，光明再现，中国文化重放异彩的时候，西方的汉学家将是中坚人物，将是中流砥柱。

中国学术界对国外的汉学研究一向是重视的。但是，过去只限于论文的翻译，只限于对学术论文、学术水平的评价与借鉴。至于西方汉学家对中西文化交流所起的作用，他们对中国所怀的特殊感情等等则注意还不太够。现在，中国的国际地位日益提高，对中国文化在未来相当长的时间内对全体人类所能够起的作用，认识渐渐加强。我们中国人一方面仍要拿来，一方面又仍要送去。因此，对西方汉学家的作用必须重新认识。许多大学都开办了汉学研究所一类的机构。中国语言文化大学独具慧眼，创办了《汉学研究》杂志。这实在是顺乎潮流、应乎人心的壮举。主编阎纯德教授索序于我，我乐而写了上面一些肤浅的话，就算是序吧。

1999 年 9 月 30 日

# cīnī 问题

## ——中印文化交流的一个例证

我在《中印文化关系史论文集·前言》中写过一段话：

我们是不是可以做如下的推测：中国唐代从印度学习了制糖术以后，加以提高，制成了白糖。同时埃及也在这一方面有所创新，有所前进，并且在元朝派人到中国来教授净糖的方法。实际上中国此时早已经熟悉了这种方法，熬出的白糖，按照白图泰的说法，甚至比埃及还要好。这件事从语言方面也可以得到证明。现代印地语中，白糖、白砂糖叫做 cīnī，cīnī 的基本含义是“中国的”。可见印度认为白糖是中国来的。

因为我当时对于这个问题还没有深入研究，只是根据个人的理解提出了上面这个看法。

我认为，解决这个问题的关键在于 cīnī 这一个字。为什么白糖是“中国的”？cīnī 这个字产生于何时何地？是否白糖真是从中国去的？近几年来，我脑袋里一直萦回着这样几个问题。但是没能得到满意的答案。1985 年我到印度新德里去参加“印度文学在世界”国际讨论会，在我主持的一次大会上，我向印度学者提出了 cīnī 的问题，可惜没有一个人能答复我。

最近承蒙丹麦哥本哈根大学教授 Chr.Lindtner 博士的美意，寄给我一篇 W.L.Smith 写的 Chinese Sugar ? On the Origin of Hindi cīnī（sugar),[①] 这正是我在研究的问题，大有“踏破铁鞋无觅处，得来全不费工夫”之感。但是读完之后，一方面感到高兴，一方面又感到遗憾，或者失望。现在把我自己的想法写出来，以求教于 W.L.Smith 先生和国内外的同行们。

先介绍一下 Smith 先生的论点。他引用了不少的词典，这些词典对 cīnī 这个字的词源解释有一些分歧。其中 Hindīś abds āgar 说 cīnī 可能源于梵文 sitā，是完全站不住脚的。其余的词典，尽管解释不同，但基本上都认为它与中国有关，cīnī 的意思是“中国的”。Smith 还指出了一个很有意义的现象：全世界很多语言表示“糖”的字都来自梵文 śarkarā。在西

① Indologica Taurinensia, Official Organ of the International Association of Sanskrit Studies, Volume Ⅶ, 1984, Edizioni Jollygrafica, Torino（Italy）.

印度近代语言中也多半用一个来源的字来表示“糖”，比如马拉提语的 sākar/sākhar，古扎拉提语的 sākar 等等。但是，在印地语等新印度雅利安语言中却用一个非印度来源的字 cīnī 来表示“糖”。这里面就大有文章了。

Smith 先生接着说：“另外还有一个谜：制糖术是印度的发明创造，在公元前八百年左右已经有了。而中国则从来没有向印度输出过任何量的糖。正相反，印度一直是糖的主要输出国。因此，糖在任何意义上都绝不可能像一些词典学家解释的那样是中国的产品。根据某一些权威的看法，甘蔗的原生地是中国和印度；另一些权威不同意。看来后者的意见很可能是正确的。因为，直到唐代中国人都甘心食用麦芽糖当作甜料，是从发了芽的粮食，特别是大麦制成的，或者食用各种水藻的加过工的汁水，比如 Limnanthemum nymphoides，同甘蔗很相似。”（p.227）下面 Smith 讲到，玄奘在戒日王统治后期到印度去，在犍陀螺看到石蜜。其后不久，中国人自己制糖，又从摩揭陀输入糖，李义表在印度学会了制糖术，如此等等。关于中国糖绝不会输入印度，Smith 的话说得何等坚决肯定。可惜事实不是这个样子，下面再谈。

Smith 又说：“把 cīnī 同中国联系起来的假设似乎基于这个事实：既然 cīnī 的意思是‘中国的’，糖在某种意义上也必须来自那里。可是这不一定非是这个样子不行。”（p.228）他又指出，梵文中有足够的字来表示“糖”，创造 cīnī 这个字一定有其必要性。确定这个字的产生时期，非常困难。杜勒西达斯（Tulsīdās 1532~1623）或 Mohammad Jāyasī 的著作中没有 cīnī 这个字。苏尔达斯（Sūrdās 约 1503~1563）的著作中有。在孟加拉，cīnī 这个字 16 世纪已确立。它最早见于 Maithili 诗人 Jyotirīśvara 的 Varṇaratnākara 中，这一部书成于第 14 世纪的第一个 25 年中。因此可推断，这个字开始出现于 13 世纪末，如果不是更早的话。

Smith 的文章接着又讲到，印度制糖术传入中国以前已经传至西方。公元 700 年左右，在幼发拉底河流域，景教徒发明精炼白糖的技术，制出来的糖比较干净，比较白。以后几个世纪炼糖中心移至埃及。当时埃及的染色、制玻璃、织丝、金属冶炼的技术高度发达。炼出来的糖色白，成颗粒状，与今日无异。埃及的冰糖（rock sugar 或 sugar candy）质量极高，甚至输入印度，在印地语和乌尔都语中这种糖叫 miṣrī，这个字源于 miṣr，意思是古代开罗或埃及。这种新的制糖技术从埃及传至东方。根据马可·波罗的记载，蒙古人征服中国的 Unguen 以前，这个城市的居民不知道什么精糖（zucchero bello）；可是一旦这个城市被占领，忽必烈汗就把“巴比伦人”送到那里，教中国人炼糖的技艺。所谓巴比伦人 Uomini di Bambillonia，不是久已被忘掉的古代巴比伦或伊拉克人，而是来自 Bābaljūn，指的是开罗最古的城区，当时意大利称之为 Bambillonia d'Egitto。换句话说，他们是埃及的制糖高手。

这种制糖技术似乎也传到了当时被信伊斯兰教的土耳其人所统治的北印度。苏丹们在德里建立了巨大的糖市场，并同埃及争夺中东市场。两个世纪以后，葡萄牙人来到印度，他们发现印度糖质量高，产量大。Duarte Barbosa 在 1518 年写道，在西印度和孟加拉有很好的白糖。

Smith 又进一步对比了 cīnī 等字与从梵文字 śarkarā 和 guḍa 派生出来的字，他发现前者指精糖，后者指粗褐色的糖。他说："为了把颜色比较白的熬炼得很精的糖同传统的糖区分开来，才引进了 cīnī 这个字，白糖是使用埃及人开创的新技艺制成的。"（p.230）做了许多论证，绕了一个大弯子之后，Smith 又强调说："这种'新'糖本身与中国毫无关系，但是，既然我们不能另外找出这个字的来源，我们只能假定，它实际上就等于'中国的'、'与中国有关的'，如此等等。那么，问题就是要确定，为什么这种白色的糖竟同中国联系起来了。"（p.231）这话说得既坚决又肯定，但也同样地玄虚。什么叫"它实际上就等于'中国的'"呢？且看他怎样解释。他说，cīnī 是印度阔人、贵人食用的，价钱非常昂贵。乡村的土制糖，是老百姓吃的，价钱非常便宜。为什么印度人，更确切地说是印度阔人，食用 cīnī 的阔人把它与中国联系起来呢？（p.231）在这里，Smith 的幻想充分得到了发挥。他从印度阔人所熟悉的中国东西讲起，他认为就是中国瓷器。在乌尔都语、尼泊尔语、古扎拉提语中，cīnī 兼有“瓷器”与“白糖”的意思。印度阔人把瓷器的白颜色转移到糖上边来，这个词很可能原是 cīnīśakkar，后来丢掉了 śakkar，只剩下 cīnī。这个字的来源可能是印度穆斯林阔人所使用的语言。因为印度教徒食物禁忌多如牛毛，他们对于 cīnī 这种东西怀有戒心。印度北方穆斯林统治者的官方语言是波斯文。cīnī 这个字很可能来自波斯文。印度西部方言中 cīnī 这个字不流行，也可以透露其中消息。在西部，印度教徒占垄断地位。

我个人觉得，Smith 先生这种推理方法有点近似猜谜。为了坚决否认中国有白糖传入印度，他费了极大的力气，绕了极大的弯子，提出了自己的论断。但是这种论断可靠不可靠呢？下面我用事实来回答这个问题。Smith 先生之所以前后矛盾、闪烁其词、捉襟见肘，削足适履，就是因为没有把事实弄清楚。只要事实一弄清楚，这个貌似繁难的问题就可以迎刃而解了。

Smith 说，中国在唐以前只有麦芽糖，这不是事实。《楚辞》已经有“柘（蔗）浆”。从公元二三世纪后汉后期起，“西极（国）石蜜”已经传入中国。大约到了六朝时期，中国开始利用蔗浆造糖[1]，在过去蔗浆是只供饮用的。7 世纪时，唐太宗

① 参阅季羡林：《蔗糖的制造始于何时？》，载《社会科学战线》，1982 年第 3 期，第 144~147 页。

派人到印度摩揭陀去学习熬糖法，结果制出来的糖“色味愈西域远甚”。看来中国人从印度学来了制糖术以后，加以发扬，于是就出于蓝而胜于蓝。《新唐书》所谓“色味”，“味”比较容易理解，“色”我理解是颜色白了一点。总之是在技术方面前进了一步。这种技术当然又继续发展下去。到了宋代，出了讲制糖的书，比如洪迈的《糖霜谱》等，技术又有了新的进步。到了元代，在13世纪后半马可·波罗（1254？~1324）来到中国。此事Smith也已谈到。沙海昂注，冯承钧译《马可·波罗行记》[①]，页600、603，讲得比较简略。陈开俊、戴树英、刘贞琼、林键合译《马可·波罗游记》[②]，第190~191页，讲得比较详细。我现在根据William Marsden的英译本[③]把有关福建制糖的那一段译在下面。Marsden虽被冯承钧贬为“翻译匠”，可我觉得他这一段译文很全面，值得一译：

此地（福建的Unguen）因大量产糖而引起重视。人们把糖从此地运往汗八里城，供宫廷食用。在归入大汗版图以前，此地居民不懂精炼白糖的手艺，他们只用不完备的办法来煮糖，结果是把糖熬好冷却后，它就变成一堆黑褐色的糨糊。但是，此城成为大汗的

① 1937年，商务印书馆，上、中、下三册。

② 1982年，福建科学技术出版社。参阅张星烺译本。

③ The Travels of Macco Polo, translated from the Italian with Notes by William Marsden, London 1918.

附庸后，碰巧朝廷上有几个从巴比伦来的人，精通炼糖术，他们被送到此地来，教本地人用某一些木材的灰来精炼白糖的手艺。[①]

这里面有几个问题要弄清楚。第一，巴比伦是什么地方？Marsden 加了一个注，说是巴格达。上面引用的 Smith 的说法，说是埃及。后者的可能性更大一些。第二，为什么使用木材的灰？木头灰里面含有碱性，能使黑褐色的糖变成白色。这里需要对白色加几句解释。所谓白，是一个相对的概念，用一个模糊数学的术语来表达，白是一个模糊的概念。意思不过是颜色比较白一点，白中带黄，根本不能同今天的白糖相比。现在的白糖是机器生产的结果，过去是完全办不到的。第三，Unguen 指的是什么地方？冯承钧，前引书，页 603，注 7："武干一地，似即尤溪"。陈开俊等译《马可·波罗游记》，第 190 页，注 3："似今之尤溪"。

生在 14 世纪，比马可·波罗晚生 50 年的摩洛哥旅行家伊本·白图泰（1304~1377），于元顺帝至正六年（1346）以印度苏丹使者的身份来到中国，比马可·波罗晚几十年。在这不算太长的时间，中国制糖术显然已经有了进步。在《伊本·白图泰游记》[②] 中有这样一段话："中国出产大量蔗糖，其质量较之

①（Book Ⅱ，chapter LXXV）

② 马金鹏译：《伊本·白图泰游记》，宁夏人民出版社 1985 年出版。

埃及蔗糖实有过之而无不及。”（第 545 页）可见中国学生已经超过埃及老师了。

到了 16、17 世纪的明代的后半叶，上距马可·波罗和伊本·白图泰的时代，已经有二三百年多了。中国的熬糖术又有了新的相当大的提高。此时有不少讲制糖术的书，比如宋应星的《天工开物》、陈懋仁的《泉南杂志》、刘献廷的《广阳杂记》、何乔远的《闽书南产志》、顾炎武的《天下郡国利病书》、王世懋的《闽部疏》，还有《遵生八笺》等等。这些书有一个和从前不同的特点，这就是，几乎都强调白糖的生产。“白糖”一词儿过去不是没有；但是估计所谓“白”只不过是比黑褐色稍微鲜亮一点而已。到了明代后半叶，熬糖的技术更提高了，熬出来的糖的颜色更白了，于是就形成了当时“白糖”的概念。上面已经谈到，马可·波罗在中国看到了用木材灰熬炼的白糖。明末的白糖可能比元代更白一点，绝不可能同机器生产的白糖相提并论。

明末的白糖是怎样熬炼的呢？刘献廷《广阳杂记》说：

> 嘉靖（1522）以前，世无白糖，闽人所熬皆黑糖也。嘉靖中，一糖局偶值屋瓦堕泥于漏斗中，视之，糖之在上者，色白如霜雪，味甘美异于平日，中则黄糖，下则黑糖也。异之，遂取泥压糖上，百试不爽，白糖自此始见于世。

同一个故事或类似的故事，还见于其他书中，不具引。利用泥来熬糖，恐怕同利用木材灰一样，其中的碱性发挥了作用。科学史上一些新的发明创造，有时候出于偶然性，白糖的出现出于偶然，不是不可能的；但也不一定就是事实，有人故神其说，同样也是可能的。明末清初中国许多书中都有关于制造白糖的记载，我将在我准备写的《糖史》中专章论述，这里不再一一征引。至于说到嘉靖以前没有白糖，根据其他史料，这恐怕不是事实。

上面说的是从元到明中国能生产白糖[①]。

生产的白糖是仅供国内食用呢，还是也输出国外？根据记载，也输出国外，而且输出的范围相当广。日本学者木宫泰彦在他所著的《日中文化交流史》中，在《萨摩和明朝的交通贸易》一章中说，1609年（明万历三十七年）7月，有中国商船10艘到了萨摩。船上装载的东西中有白糖和黑糖[②]。这说明白糖输出到了日本。韩振华教授讲到，在郑成功时代，中国白糖输出到巴达维亚[③]。中国白糖不但输出到亚洲一些国家，而且还输出到欧洲。日本学者松浦章在《海事交通研究》杂志1983年第22集上发表了《清代前期中、英间海运贸易研究》

---

① 参阅于介：《白糖是何时发明的？》，《重庆师范学院学报》（哲学社会科学版），1980年第4期，第82~84页。

②《日中文化交流史》，［日］木宫泰彦著，胡锡年译，商务印书馆，1980年，第622页。

③ 韩振华：《1650~1662年郑成功时代的海外贸易和海外贸易商的性质》，《南洋问题文丛》，1981年，第73页。

一文，谈到康熙时期中国白糖输入英国[①]。康熙距明末不久，所以在此一并论及。

上面说的是中国白糖输出国外。

输出国外，是不是也输出到印度去了呢？是的，中国白糖也输出到了印度。德国学者 Lippmann[②] 在讲述了马可·波罗在福建尤溪看到了白糖以后，又讲到蒙古统治者重视贸易，发放签证，保护商道；对外国的和异教的手工艺人特别宽容、敬重，不惜重金，加以笼络。“这件事情在精炼白糖方面也得到了最充分的证实，因为中国人从那以后，特别是在炼糖的某一方面，也就是在制造冰糖方面，成为大师，晚一些时候甚至把这种糖输出到印度，不过名字却叫做 misri，这一个字的原始含义（埃及糖）已经被遗忘了。”英国马礼逊说：“印度国每年亦有数船到是港（新埠），载布疋，易白糖等货。”[③] 这里谈的可能是中国白糖经过新加坡转口运至印度。无论如何，中国白糖输出到印度已经是无可辩驳的事实了。

我在这里想顺便讲一件事情。《天工开物·甘嗜第六》中有一句话：“名曰洋糖。”夹注说：“西洋糖绝白美，故名。”中国人造的白糖竟名之为“洋糖”，可见当时西洋白糖已经输入

① 转引自《中国史研究动态》2，1984 年，第 30~32 页。明陈懋仁《泉南杂志》，卷上：“甘蔗干小而长，居民磨以煮糖，泛海售商。”在这里“泛海”，可能指的是用船运往国外。

② E.O.v.Lippmann，Geschichte des Zuckers seit den altesten Zeiten bis zum Beginn der Rubenzucker Fabrikation，Berlin，1929，p.264.

③ 英国马礼逊著《外国史略》，《小方壶斋舆地丛钞》，再补编，15。

中国，而且给人们留下了深刻的印象。这情况在清朝末年屡见不鲜，在中国“洋”字号的东西充斥市场，什么“洋面”“洋布”“洋油”“洋火”等等。但这是在 19 世纪后半叶和 20 世纪初叶。宋应星《天工开物》序写于明崇祯十年丁丑，公历 1637 年，是在 17 世纪前半。这情况恐怕是很多人难以想象的。在这里先提一句，以后还要继续探讨。

我在上面分三个层次论证了中国能生产白糖，中国白糖输出国外，也输出到了印度。我讲的全都是事实。把这些事实同 Smith 先生的说法一对照，立刻就可以看出，他的说法是完全站不住脚的。根据事实，我们只能说，cīnī 的含义就是“中国的”，转弯抹角的解释是徒劳的。印度自古以来就能制造蔗糖。不知什么原因，在一段相当长的时间内，反而从中国输入白糖，而且给了它“中国的”这样一个名称，说明它的来源。不管怎样解释，这个事实是解释不掉的。

Smith 先生的文章里不能否定 cīnī 的意思是“中国的”，但是却坚决否认中国白糖运至印度。他斩钉截铁地说，中国没有任何白糖运至印度。可同时他却又引用 Lippmann 的那一段说中国白糖运到印度的话，而不加任何解释，没有表示同意，也没有表示不同意，使他自己的论点矛盾可笑，殊不可解。

我觉得，还有几点需要进一步加以说明。第一个是中国白糖输入印度的地点问题。从种种迹象来看，进口地点是东印度。在这里，语言给了我很多启发。在西印度近代语言中，表示“糖”的字来自梵文字 śarkarā，我在上面已经说过。这些字的意思是黑褐色的粗糖，是农村制造为穷人食用的，价钱比较便宜。cīnī 或和它类似的字流行于中印度和东印度，包括尼泊尔语在内。意思是精细的白糖，是供印度贵人和富人食用的，价钱非常昂贵，最初都是“洋货”。东西和精粗的界限异常分明。所以结论只能是，中国白糖由海路首先运至东印度，可能在孟加拉的某一个港口登岸，然后运入印度内地。西印度路途遥远，所以难以运到，在语言上也就没有留下痕迹。

第二个是中国白糖输入印度的时间问题，这里问题比较复杂一点。我在上面着重讲的是明末清初中国白糖输入印度的情况。明末清初约略相当于 16、17 世纪。可是 Smith 在文章中说，cīnī 这个字在印度、孟加拉 16 世纪已经确立。他又推断，这个字开始出现于 13 世纪末。这就有了矛盾。在孟加拉最早出现的 cīnī 这个字不可能表示 16、17 世纪才从中国输入的白糖。这怎样来解释呢？我在上面讲到马可·波罗在尤溪看到中国制的白糖，时间是 1275 年。中国人从埃及人那里学习了制糖术，造出了白糖。这样的白糖从近在咫尺的泉州港装船出口是完全可能的。泉州从宋代起就是中外贸易的著名港口，同印度有频繁的交通关系，至今还保留着不少的印度遗迹。白糖为什么不能从这里运到印度去呢？从时间上来看，这同 Smith 所说的 13 世纪末是完全吻合的。因此，我们可以说，孟加拉文中的 cīnī 最初是指 13 世纪后半从中国泉州运来的白糖的。

cīnī 这个字在印度出现的时间，是我多年来考虑的一个问题。Smith 先生的文章至少帮助我初步解决了这个问题，谨向他致谢。

1987 年

# 再谈 cīnī 问题

1987 年，我写过一篇文章，叫做《cīnī 问题——中印文化交流的一个例证》，刊登在《社会科学战线》1987 年第 4 期上。文章的主要内容是针对 W.L.Smith 一篇文章中的论点的。cīnī 在印度的一些语言中有“白砂糖”的意思，而这个字的本义是“中国的”。这就说明，印度的白砂糖，至少是在某一个地区和某一个时代，是从中国输入的，产品和炼制术可能都包括在里面。然而，Smith 先生却坚决否认这一点，说中国从来没有把白砂糖输入印度。他说出了许多理由，却又自相矛盾，破绽百出。他的论点是根本不能成立的。

针对 Smith 先生的论点，我的论点是：中国的白砂糖确曾输入印度。输入的地点是印度东部的孟加拉，输入的道路是海路。至于输入的时间，则问题比较复杂。我经过一番考证，得到了这样的认识：中国的明末清初，也就是公元 16、17 世纪，中国的炼糖术在从 13 世纪起学习埃及或伊拉克巴格达的制糖技术的基础上，又有了新的发展，中国的白砂糖大量出口。至迟也就是在这个时候，中国的白砂糖也从泉州登船，运抵印度的孟加拉。这是从中国到印度来的最方便的港口。时间还可能更早一些。这就是 cīnī 这个涵义为“白砂糖”的字产生的历史背景。

论证是完美无缺的，结论也是能站住脚的，然而并非万事大吉，它还是有缺憾的，而且是致命的缺憾：它没有证据。实物的证据不大可能拿到了，连文献的证明当时也没有。我为此事一直耿耿于怀。

最近写《明代的甘蔗种植和砂糖制造》，翻检《明史》，无意中在卷 321《外国传》，榜葛剌（即孟加拉）这一节中发现了下列诸语：

> 官司上下亦有行移医卜阴阳百工技艺，悉如中国，盖皆前世所流入也。

我眼前豁然开朗，大喜过望：这不正是我要搜求的证据吗？地点是孟加拉，同我的猜想完全符合。这里的“百工技艺，悉如中国”，紧接着就说“皆前世所流入”，是从前从中国传进来的。“百工技艺”，内容很多。但从各方面的证据来看，其中必须包括炼糖术，是没法否认的。有此一证，我在前文中提出的论点，便立于牢不可破的基础之上。

到明初为止，中印文化交流可能已经有了两千多年的历史；也就是说，在佛教传入中国之前，中印文化已经有了交流。到了明成祖时代，由于政治和经济的发展，孟加拉成了交流的中心。这从当时的许多著作中都可以看到，比如马欢的《瀛涯胜览》、费信的《星槎胜览》、巩珍的《西洋番国志》等等。从明代的“正史”《明史》（清人所修）也可以看到。从《明会典》中也可以看到同样的情况。这些书谈到孟加拉（榜葛剌），往往提到这里产糖霜，有的还谈到贡糖霜，比如《明会典》卷97。

从表面上来看，白砂糖（cīnī）只不过一个微末不足道的小东西，值不得这样大做文章。然而，夷考其实，却不是这样子。研究中印文化交流史的人，都感到一个困难：既然讲交流，为什么总是讲印度文化如何影响中国呢？印度学者有的甚至称之为 oneway traffic（单向交流）。中国文化真正没有影响印度吗？否，绝不是这样。由于印度人民不太注意历史，疏于记载，因此，中国文化影响印度的例证不多。我研究中印文化交流史，力矫此弊，过去找到过一些例证，已经写成文章，比如《佛教的倒流》等就是。我这样做，绝不是出于狭隘的民族主义，想同印度争一日之长，而完全是出于对科学研究的忠诚。科学研究唯一正确的态度是实事求是，我们追求的是客观真理。

cīnī 问题就属于这个范围。所以继前一篇之后，在得到新材料的基础上又写了这一篇。

1993 年 11 月 7 日

# 《罗摩衍那》译后记

我从1973年起开始翻译《罗摩衍那》，弹指之间，已经过去10年了。现在我终于走过了独木小桥，也走过了阳关大道，把全书最后一篇第七篇的草译稿整理誊清，这一部两千年来驰名印度和世界的洋洋巨著就算是全部翻译完了。我轻松地舒了一口气，陡然觉得肩头上的担子减轻了许多。

经常有一些朋友对我翻译这样一部巨著感到有点惊奇。他们似乎觉得，我做这一件并不轻松的工作，一定是十年读书，十年养气，做好了充分的准备工作，才动手翻译的。事实不但不是这个样子，而且恰恰相反。与其说我有什么准备，毋宁说我毫无准备。我翻译这一部书，完全出于一种意外的偶然性。只要想一想1973年的情况和我当时的处境，就完全可以了解这一点的。

当时，“四人帮”还在台上，耀武扬威，飞扬跋扈，“炙手可热势绝伦，慎莫近前丞相嗔”。我虽然不再被“打倒在地，身上踏上一千只脚，永世不得翻身”，但处境也并不美妙。我处在被打倒与不被打倒之间，身上还背着不知多少黑锅。国家的前途，不甚了了；个人的未来，渺茫得很。只有在遥远的未来，在我所看不到的未来，也可以说是在我的心灵深处，还有那么一点微弱但极诱人的光芒，熠熠地照亮了我眼前的黑暗，支撑着我，使我不至完全丧失信心，走上绝路。其间差距，也不过一头发丝宽。现在回想起来，还不寒而栗。我曾相信，自己一生恐怕很难看到这光芒来到我面前了。我的归宿大概是到一个什么边疆地区或者农村，去接受一辈子“再教育”。我当时对自己的前途只能看到这一点。一切别的想法，都是非分的、狂妄的、不应该的。我当时过的日子，也完全同我的心情相适应。一个月有几天要到东语系办公室和学生宿舍所在的楼中去值班，任务是收发信件，传呼电话，保卫门户，注意来人。我当时几乎成为一个“不可接触者”，出出进进的人很多，但多半都不认识，我坐在那里也等于尸位素餐，对保卫门户，起不了什么作用。不过我仍然准时上班，安心工作，习以为常，并无怨言。我想，这样平平静静地活下去，无风无浪，也还是很惬意的。

是不是我就完全消极而且悲观了呢？不，不，不是这样。我上面讲到的那一点埋在我内心里的光芒，虽然我自认为是遥远到我终生难近，但它毕竟是具体的，是真实的，又是诱人的，我还愿意为它尽上我的力量。即使自己见不到，也没有多大关系。“前人栽树，后人乘凉”，古有明训，实属正常。而且在我过去几十年来的生活中，我养成了一个闲不住的习惯，我指的是读书和写作的闲不住；不管好坏，我总得思考点什么，写点什么，我绝不让自己的脑筋投闲置散。

但是，在那样的境况下，我还能思考什么呢？又能写点什么呢？创作已经毫无可能，研究也早已断了念头。想来想去，还是搞点翻译吧。翻译了而能出版，那是根本不可能的事情，我连想也没有去想。既然为翻译而翻译，为了满足自己那闲不住的习惯而找点活干，最好能选一种比较难的、相当长的、能旷日持久地干下去的书来翻译，这样可以避免由于经常考虑这个问题而产生的困难、尴尬的局面。我过去翻译过几本印度古典文学名著，曾被某一些“左”得幼稚可笑而又确实“天真”的人们称做“黑货”与“毒品”。现在再选择也出不了这个范围。我反正也不想出版，“黑货”就“黑货”、“毒品”就“毒品”吧。结果我就选中了《罗摩衍那》。

这一部史诗的梵文原本，在国内只能找到旧的版本。我从什么地方知道了，印度新出了一部精校本，是继《摩诃婆罗多》精校本后的另一个伟大的成就，颇受到国际上梵文学者的好评。但此书国内没有。我于是抱着一种侥幸的心理和试一试的想法，托北京大学东语系图书室的同志去向印度订购。我预料，百分之九十九是订不到的；即使订到，也要拖上一年两年。好在那时候时间对我已经没有多大意义，一年两年就一年两年吧。但是，真正是出我意料之外，没过了几个月，书居然来了，装订精美的七大巨册，整整齐齐地排在那里。我起初简直有点不敢相信自己的眼睛。我一时吃惊得说不出话来。

这对我当然是一个极大的鼓励，心里面那一点犹犹疑疑的念头为之一扫而空，我决心认真地进行翻译，我于是就濡笔铺纸干了起来。这是一部世界名著，对印度，对南亚，对东南亚，对中国，特别是西藏和蒙古，甚至对欧洲一些国家，都有极大的影响，而且这影响还不仅限于文学、舞蹈、绘画、雕刻、戏剧、民间传说等等，无处没有它的影响。在印度以及南亚、东南亚一些国家，真可以说是家喻户晓，深入人心。一直到今天，并无减少之势。意大利文、法文、英文都有了全译本。据说苏联也已出了俄文译本，在译本完成时，苏联科学院还召开过隆重的庆祝大会。日本也有人正在翻译并且开始出版。还听说，美国有一个专门研究《罗摩衍那》的学会。至于研究这部书的著作，不管是在印度国内，还是在印度以外，那就多得不得了，真可以说是汗牛充栋。总之，这是一部非常值得而且必须翻译的书。在中国历史上，我们曾在一千多年的长时间内翻译了大量的佛经。《罗摩衍那》这一部书和书中的故事，汉译佛典中虽然都提到过，但却一直没有翻译。因此，翻译这部书就成了刻不容缓的当务之急。此时，我眼前和我内心深处的那一点遥远的光芒也起了作用，它在无形中督促着我，虽然渺茫，但又具体，它给我增添了力量。

我原以为，《罗摩衍那》的梵文原文，除了个别的章节外，是并不十分难懂的。虽然量极大，翻译起来会遇到困难，但也不会太多。可是一着手翻译，立刻就遇到了难题。原文是诗体，我一定要坚持自己早已定下的原则，不能改译为散文。但是要什么样的诗体呢？这里就有了问题。流行的白话诗，没有定于一尊的体裁或者格律，诗人们各行其是，所有的形式我都觉得不恰当。我于此道是外行，不敢乱发议论。所谓马雅可夫斯基体，在这里更是风马牛不相及，根本用不上。完全用旧诗来译，也有困难，一是不能做到“信”，一是别人看不懂。反复考虑，我决定译成顺口溜似的民歌体。每行字数不要相差太多，押大体上能够上口的韵。鲁迅先生谈到的那几条关于新诗的意见，我认为是完全正确而又可行的。鲁迅说：

> 我以为内容且不说，新诗先要有节调，押大致相近的韵，给大家容易记，又顺口，唱得出来。但白话要押韵而又自然，是颇不容易的，我自己实在不会做，只好发议论。[①]

现在，我虽然同意鲁迅的意见，却不能只“发议论”，而

① 鲁迅1934年致窦隐夫函。

要下手去做。鲁迅说："我自己实在不会做。"我至少也应该这样说，我实际上是更不会做；可是偏又骑虎难下，非做不行，我就只好硬着头皮来献丑了。

解决了译文文体，当然算是闯过了一个难关。俗话说："万事开头难。"我已经开了头，可以顺利前进了。但是紧接着就来了另一个极难回答的问题：我究竟准备译多少篇呢？究竟要用多长的时间呢？我这个人少无大志，老了也没有大志。在我当时的那种心情下，别说大志，连小志也不多了。我曾多次在心里琢磨：我能译完这一部按出版社的计算方法有近300万字的巨著吗？我从前读唐慧立的《大慈恩寺三藏法师传》卷十，其中有这样一段记载：

> 麟德元年春正月朔，一日，翻经大德及玉华寺众，殷勤启请翻《大宝积经》。法师见众情专至，俯仰翻数行讫，便摄（收）梵本，停住告众曰："此经部轴与《大般若》同，玄奘自量气力不复办此。"

我现在自量，气力完全可以办此。但心情却不能办此。因此，我对自己提出的问题的答复是完全否定的，一点犹疑也没有的。我想：如果我能译出三篇，也就是说，还不到全书的一半，那就很不错了。我自己也就很满意，觉得不算虚度下半辈子了。

就这样，我苦干了四年。1976年，“四人帮”被粉碎了。此时，《罗摩衍那》我还译了不到三篇，也就是说，还没有达到我预期的指标。然而天日重明，乾坤朗朗，振作了全国人民的精神，也振作了我的精神。从前眼前那一点遥远的光芒，此时陡然闪耀起来，而且距离我也越来越近起来。但是，就是在这时候，我还没有明确地想修改我的计划，没有完全从“胸无大志”改为“胸有大志”，没有立下把全书翻译完的雄心壮志。

但是，由于一个偶然的机会，人民文学出版社的同志们不知从什么人那里听说我正在翻译《罗摩衍那》，告诉我，他们准备出版这部书。这是我以前绝对没有想到的。我上面已经说过，我之所以翻译，完全是为了满足自己那种闲不住的习惯。古人说：“不为无益之事，何以遣有涯之生。”我并不认为翻译《罗摩衍那》完全无益，但是我的想法却与古人微有相似之处。现在一旦能有出版的机会，自然是喜出望外，对我是一个极大的鼓舞。从这时候起，我才认真考虑这一件工作。此时，我的心情好得多了。但也并非完全清醒，我对“文化大革命”的认识仍然模糊，我还不了解它那空前的危害性，对粉碎“四人帮”这件有伟大历史意义的事，我还不完全了解它的重要性。不管怎样，国家光明的前途，我看到了；个人的未来，我也看清楚了。渺茫之感，一扫而空。身上那一些莫名其妙的黑锅，不知怎么一来，全都揭掉了。我已经失掉当“活靶子”的资格。大家可以想象，我失掉这个“资格”，绝不会感到惋惜与遗憾。就在这样的心情下，我开始修改我的翻译计划，决心把全书译完。至于能不能译完，究竟能译完几篇，我还不完全清楚。无论如何，雄心已经大了起来，那一个只翻译三篇的计划终于放弃了。

此时，有一些朋友，很熟的、见过面的，或者甚至没有见过面的，知道我在翻译《罗摩衍那》，都给我写了一些信来，对我加以鼓励。大家也许认为，收到信是一件非常平常的事情，用不着大惊小怪。但是，对我这“曾经沧桑”的人来说却不是这样。我除了在“文革”初期收到一些“砸烂狗头”一类的信以外，几乎有五六年时间一封信也没有收到过。我已经变得不惯于收信、收信后不知所措了。因此，我现在收到的信中的那一些鼓励的话，便对我这受宠若惊的人起了双倍鼓舞作用，它推动着我前进。对于这些朋友们的美意，我是永远感激的。

不管怎样，《罗摩衍那》汉译文第一篇终于在 1980 年出版了。印刷精美、装订富丽的一巨册明白无误地摆在我面前，我心里当然感到非常喜悦。接着在两年半以内又出版了第二篇、第三篇、第四篇。这已经超出了我原来的“画地为牢”的界限了。再回想自己当时画定第三篇为界限，觉得非常可笑了。这时候我又连续收到朋友们的来信，当然都是鼓励之辞。有的朋友甚至说，这是中国翻译史上的一件大事。这未免言过其实，我是绝对不敢当的。外国朋友也给了我鼓励。1980 年夏天我访问日本时，带去了几本第一篇，送给对《罗摩衍那》有兴趣的日本朋友，征求他们的批评意见。东京大学著名梵文学者原实教授表示出很大的兴趣。以后出的几篇也都送给了他。其他日本朋友，比如汤山明博士等等也似乎很感兴趣。同年冬天，我访问西德，带去了几本第一篇。我的老师瓦尔德施密特教授似乎有点责怪我不务正业。他说："你应该继续搞你的佛典语言研究嘛！"他哪里了解我的苦衷呀，无论如何，他过去对我的培养，今天对我的期望，我是永远铭感五内的。此外，美国朋友、意大利朋友和法国朋友，对于我的翻译也都感兴趣。至于印度朋友，因为《罗摩衍那》毕竟是他们的国宝，不管我的译文水平如何，他们绝不会吝惜自己的赞扬的。最近我还接到著名作家韩素音女士的信，她对我的工作表现出极大的兴奋。所有这一些朋友，都难免有溢美之词。好在我还有点自知之明，头脑还算清醒，从来没有飘飘然过。

总而言之，由于以上一些不期而获的嘉奖，我更加鼓起了干劲。近四五年以来，我的行政工作和社会工作越来越多，我现在究竟有多少兼职，包括挂名的在内，我自己都弄不清楚。但是，在同时，我给自己规定的科研项目也越来越多，范围越来越广。连同我在一起工作了二三十年的同志，看到我的一些课题，都有点吃惊，莫名其妙。我原以为自己被迫成为"杂家"，现在看来，我天生大概就是一个杂家的料子。但是，跟着"杂"而来的就是会多。一位老同志曾慨叹过："春花秋月何时了？开会知多少！”我深有同感。就是在这样的情况下，我并没有放松《罗摩衍那》的翻译工作。到了今天，经过了十年的漫长时间，我终于把这一部长达两万颂，译成汉文近九万行的史诗全部翻译完了。

翻译这样一部巨著，除了几次内心里的波动以外，其余的事情是不是就一帆风顺了呢？

当然不会的。在翻译过程中，我曾遇到了不少的困难。约略言之，可以说有以下几个方面。首先是内容问题。这一部大史诗，虽然如汪洋大海，但故事情节并不复杂。只需要比较短的篇幅，就可以叙述清楚，胜任愉快，而且还会紧凑生动，更具有感人的力量。可是蚁垤或者印度古代民间艺人，竟用了这样长的篇幅，费了这样大量的辞藻，结果当然就是拖沓、重复、平板、单调；真正动人的章节是并不多的。有的书上记载着，我也亲耳听别人说过，印度人会整夜整夜地听人诵读全部《罗摩衍那》，我非常怀疑这种说法。也有人说，古代民间文学往往就是这样，不足为怪。这个说法或许有点道理。不管怎样，这种故事情节简单而叙述却冗长、拖沓的风格，有时让我非常伤脑筋，认为翻译它是一件苦事。

其次体裁问题。《罗摩衍那》被称作史诗，而且是“原始的诗”，我必须译成诗体，这一点上面已经谈到过了。这个决心我从未动摇过。但是，既然是诗，就必然应该有诗意，这是我们共同而合理的期望。可在实际上，《罗摩衍那》却在很多地方不是这个样子。整个故事描绘纯真爱情的悲欢离合，曲折细致，应该说是很有诗意的。书中的一些章节，比如描绘自然景色，叙述离情别绪，以及恋人间的临风相忆，对月长叹，诗意是极其浓烈的，艺术手法也达到了很高水平。但是大多数篇章却是平铺直叙，了无变化，有的甚至叠床架屋，重复可厌。更令人难以忍受的是一些人名、国名、树名、花名、兵器名、器具名，堆砌在一起，韵律是合的，都是输洛迦体，一个音节也不少，不能否认是“诗”，但是真正的诗难道就应该是这样子的吗？我既然要忠实于原文，便只好硬着头皮，把这一堆古里古怪、佶屈聱牙的名字一个一个地忠实地译成汉文。有时候还要搜索枯肠，想找到一个合适的韵脚。严复说道：“一名之立，旬月踟蹰。”我是“一脚（韵脚也）之找，失神落魄”。其痛苦实不足为外人道也。然而，我知道得很清楚，哪一个读者也不会有这样的耐心，真正去细读这样的“诗”。我用力最勤，包括脑力与体力都在内的地方，却正是读者连看也不看的地方。看到这里，他们会跳越过去的。呜呼，哀哉！真是毫无办法。

这样的诗，不仅印度有，我们中国也是古已有之的。从前幼儿必读的《百家姓》《三字经》《千字文》之类的书，不也合仄押韵像是诗吗？可是谁真正把它当作诗呢？《罗摩衍那》自然同这类的书还有很大的不同，不能等量齐观。但其中也确有一些这样的“诗”，这是不能否定的。印度古代许多科学著作也采用诗体，目的大概是取其能上口背诵，像是口诀一类的东西。在这一点上，中印是完全相同的。

关于体裁，我在这里还想补充一点。翻译原则，我在上面已经讲过，我赞成鲁迅那几点对诗的要求。从第一篇开始，我确实也是这样做的。但是，随着翻译工作的进展，我越来越觉得别扭。我觉得，我使用的那种每行字数大体上差不多的诗体，还不够理想；还不如干脆译成七言绝句、少数五言绝句式的顺口溜，这样也许更接近中国的民歌。译到第六篇下半部时，我就毅然改了。整个第七篇也基本上是这样做的。现在全书已经译完，我是不是就很满意了呢？不，不是这样。我也还是越来越觉得别扭。这种顺口溜也不能保证产生诗意，而且那些人名、地名、花名、树名，照样佶屈聱牙，还不能排得整齐。我有时腻味到想毅然停笔、不再翻译下去。但害怕功亏一篑，我还是硬着头皮译完全书。我虽然不是专业翻译家，但对翻译也确实有相当长的历史。中学时候，我就翻译过吉卜林的小说。大学时译过英国散文和美国小说。新中国成立后翻译德国短篇小说，古典梵文和巴利文，以及吐火罗文的文学作品，还曾译过俄文论文。我虽然从没有自满过，但从来没有腻味和别扭之感。现在已年逾古稀，却忽然怀疑动摇起来。这实在可以说是一件憾事。然而，事实就是这样，我只有直白地说了出来。但是，我毕竟还可以自慰：不管怎样，我总算是把书译完，没有让它成为断了尾巴的蜻蜓，这一点我的老朋友们恐怕会同意吧。

最后，我再谈一谈译名的问题。这个问题我起初认为比较简单：只需搞出一个译音表，然后，人名、地名、花名、树名、兵器名、器具名，都自己对号入座，岂不十分轻松愉快？然而实际上却行不通。有一些名字中国古代已有现成的译名，行之既久，约定俗成；若再改动，反而不便。这些译名必须保留。它们一保留，则我那幻想中的译音表还有什么意义？连在这一部书中想统一译音都有困难，何况其他书籍？结果我只好放弃原来的如意算盘，自创译名。最初还小心谨慎，后来觉得也没有什么必要，索性任意为之。好在我心里很清楚，绝没有人会根据我的译名去探讨中国音韵发展与演变的历史。就让它这样去吧！

我在上面讲了这么多问题和困难，难道我就时时刻刻都同这些问题和困难拼搏吗？如果真是这样的话，那么，这十年漫长的日子可真是极难熬过来了。事实上并不是这样。在过去十年中，我是既有痛苦，又有快乐；既有险阻，又有顺利；既有内心的波动，又有外来的鼓励。何况，我翻译这一部巨著，并不是单打一。几十年来的环境，使我养成了一个同时搞几种科研和翻译工作的习惯。让我单打一，或者单打一二，或者给我一间清静的屋子关起门来翻译或写作，我会感到非常别扭，什么东西也写不出。在翻译《罗摩衍那》时，也是这样。除了这件事以外，我还有许多别的工作，特别是在后期更是这样，并且还有许多开不完的会加入进来。这一些繁杂的工作，实际上起了很好的调剂作用。干一件工作疲倦了，就换一件，这就等于休息。打一个比方说，换一件工作，就好像是把脑筋这一把刀子重磨一次，一磨就锋利。再换回来，等于又磨了一次，仍然是一磨就锋利。《罗摩衍那》我就是用这种翻来覆去地磨过的刀子翻译完毕的。

此外，《罗摩衍那》这一部书尽管长得惊人，但主题思想却很简单，一言以蔽之，不外是：正义战胜邪恶，磨难产生幸福。在“史无前例”的大混乱中，我的心情上面已谈了一些。我最初确实拥护这场“革命”，甚至在被打倒被关起来以后，也没有改变，我对它毫无正确的认识。在打倒“四人帮”以后，也就是在翻译的后期，我逐渐认识到，这一场“革命”也是一件邪恶的东西，同《罗摩衍那》中十头魔王所作所为同属一个范畴。二者在最后都被挫败了。《罗摩衍那》的主人公罗摩是一个理想人物。他经受了无数的挫折与磨难，最后终于胜利，终于享受到与爱妻团圆的幸福。本书这个主题思想，表面看来，同我有点风马牛不相及。实际上，却颇有相通之处。罗摩的胜利不时带给我一些安慰，给我这枯燥工作增添了生气，给我内心也灌上了活力。我也享受到了幸福。

德国 19 世纪抒情诗人吕克特曾写过几句关于《罗摩衍那》的诗：

这样富于幻想的丑怪，这样不拘形式的激昂而滔滔若悬河般的词令，

像《罗摩衍那》显示给你的，荷马

无疑曾教给你藐视它；可是这样高尚的心术

和这样深沉的情感，《伊里亚斯》却不能显示给你。

吕克特这个意见非常有趣。他可能是把古希腊荷马史诗同印度古代史诗对比的第一个欧洲诗人。他大概也厌恶我上面说到的《罗摩衍那》那种拖沓繁复文体。可是他提出了两点荷马史诗所缺少的东西：一点是“高尚的心术”，一点是“深沉的情感”，却对我很有启发。正是这两点有时候也感动了我，让我在另外一个方面享受到了幸福。

总而言之，时间经过了十年，我听过三千多次晨鸡的鸣声，把眼睛熬红过无数次，经过了多次心情的波动，终于把这书译完了。我一方面满意，满意这件艰巨工作的完成。另一方面又不满意，不满意自己工作的成果。古人说：“如人饮水，冷暖自知。”苏东坡有句著名的诗：“春江水暖鸭先知。”我的译文也如春水，我这一只春水中的鸭，是非常明白水的冷暖的。我觉得，我始终没有能够找到一个比较理想的翻译外国史诗的中国诗体。从我的能力来说，目前也就只能这个样子了。知我罪我，自有解人。后来居上，古今通例。要想真正解决这

个问题，还有待于来者。我也并不是说，我做这件工作，一无是处。不管怎样，我毕竟把这一部名著译出来了。这会帮助中国读者更深入地了解印度文化，这也会大大地增强中印两国人民的传统友谊。如果我这想法不错的话，我不更应该感到幸福吗?

我在上面曾多次提到幸福。但是，这幸福却绝不是靠我一个人的力量而获得的。在十年漫长的翻译过程中，我应该感谢很多同志，没有他们的帮助，我是无法完成这件工作的。关于这一点，我在以前的《附记》中也曾谈到过一些。现在再归纳起来谈一谈。我首先要感谢人民文学出版社的一些负责同志，比如孙绳武同志、卢永福同志等等，他们明知道出版《罗摩衍那》这样的书是会赔很多钱的，然而为了国家的文化事业，他们毅然承担了出版的任务，用最精美的装帧，最优良的印刷，出完了全书。其次是责任编辑刘寿康同志。我们本来是几十年的老朋友了，我们是互相了解的。他并不懂梵文，也不专门研究印度文学。但是他以对朋友、对事业的高度责任心，有时候用十分谦虚的口吻，对我的译稿提出了一些问题。我非常尊重他的意见。可是我最初并没有想到，他提出的意见竟是那样准确，那样搔着痒处，那样中肯。我核对原文，十有八九是我译文有问题，或者表达不清楚，或者简直译错了。由于他的工作，我能避免一些错误。四五年以来，我们的合作是非常协调的，非常令人满意的。我在这里向他表示衷心的感谢。此外，搞封面设计、内封图和插图的张守义同志、古干同志、秦龙同志、高燕同志、吴冠英同志等，给我这一堆并不高明的译文披上了美丽的服装和饰品，增添了光彩。用一句俗话来表达，可以说是我沾了“光”。我也向他们致谢。北京大学东语系刘安武同志帮助我查阅两个《罗摩衍那》印地文译本，费了不少精力。梵文原文有一些地方晦涩难解，只好乞灵于印地文译文。尽管这两个印地文本并不高明，有时显然也有错误和矛盾，但毕竟帮助我度过了一些难关。我也应该向刘安武同志表示谢意。最后但不是最小，我还要提到李铮同志。他从17岁起就同我一起工作，除了中间有几年的间断以外，到现在已经三十多年了。作为我的助手，他帮助我查阅资料，借阅书籍，誊清一些稿件。我常开玩笑说他有一种“特异功能”，他能认清别人难以认清的我那一些手稿。但我最初并没有完全理解他的全部本领。他受的教育并不高，但他是一个聪明人，我逐渐发现他对现代汉语有一种特别灵敏、特别正确的语感，与他同年龄的人很难比得上他，尽管受的教育比他高得很多。他这个人勤勤恳恳，兢兢业业，认真努力，一丝不苟。他有时帮我推敲词句，往往能提出精辟的见解。有时帮我做一些琐事，给我节约了大量的时间和精力。我常想，他对我的帮助等于延长了我的寿命。如果没有他的协助，我绝不能做现在做的这些工作。只说一句感谢，难以表达出我的心情，但现在也只能这样说了。还有其他一些同志，在我翻译《罗摩衍那》的过程中，给了我这样那样的帮助，恕我在这里不一一列举了。

我在上面说到，译完《罗摩衍那》，觉得肩头上的担子轻了很多。这是仅仅指《罗摩衍那》而言。其他方面的担子并没有减轻，而且我也根本没有想去减轻。正相反，我在其他方面正在给自己层层加码。我计划中想做的工作，看来到21世纪开始时也不会做完。这一点我自己是非常清楚的。但对工作的迫切感日益强烈，这一种迫切感是我抑压不下去的。我从前在一篇文章中曾讲到鲁迅晚年总想多做点事情。他的“晚年”其实也不过五十多岁，在今天只能算是中年。我现在已年逾古稀，远远超过鲁迅活的年龄。但是，在今天的中国，人的寿命越来越长，我离开倚老卖老的年龄恐怕还有一段距离。我的许多老师，虽然年登耄耋，还在孜孜不倦地努力工作，我有什么资格感到自己老呢？我现在恨不能每天有48小时，好来进行预期要做的工作。那当然是不可能的。每人每天只能有24小时，谁也多不了一分半秒。关键在于如何使用这24小时。我现在就不敢放松一分一秒。如果稍有放松，静夜自思，就感到十分痛苦，好像犯了什么罪，好像是在慢性自杀。有这种心情的人，恐怕不在少数，我就不再啰唆了。

对自己现在的精神境界，我还算是比较满意的。新中国成立以来，我总有一种惭愧之感。在中国人民斗争最艰苦的时候，我却住在欧洲，那里仿佛成了一个避风港，我在那港里搞自己的“名山事业”，没有能和人民同呼吸共命运。要说我一点也不想中国人民，那不是事实。我是经常想到自己的人民的，我的失眠病就从那时开始。但是，不管由于什么原因，我没有参加斗争，这也是事实。外国侵略者被赶走以后，我才回国。又过了三年，中国解放。我安然享受胜利的果实，成了一个地地道道的“摘桃派”。因此，我对新中国成立前参加斗争的老干部总是怀着由衷的诚挚的敬意，觉得自己应该努力学习，努力改造，多给人民做点工作。我总觉得人民给我的太多，而我给人民的却是太少了。在“十年浩劫”中，我虽饱经风雨，但毫无怨尤之意。其根底大概就在这里。年轻时候，读了不少谈论人生之意义与价值的文章，茫然不得要领。到了今天，我才仿佛真正了解了人生的意义与价值。这种了解成了推动我向前进的动力。

我在过去70年漫长的人生的路途上，曾有过求全之毁，也曾有过不虞之誉。这对我已经司空见惯了。但是，到了今天，不虞之誉，纷至沓来，实在是超出了我的一切想望。这更增加了我的惭愧之感，我时刻感到不安。唯有更加严厉鞭策自己，更加严格要求自己，庶不至辜负党和人民对我的期望，鞠躬尽瘁，老而不已。

书已经译完，而且就要全部出版了，这件事本身就足以说明问题，似乎用不着再来啰里啰唆写这样一大篇了。而且我自己对某一些人的那种懒婆娘裹脚式的文章自来就有反感。比如我在年轻时读《古史辨》的自序，觉得非常腻味，读不下去。前几年读一个女作家的自传，叙述在法国求学的情况，絮絮叨叨，啰里啰唆，把芝麻粒大的一点悲伤或快乐，细细地咀嚼，仿佛其味无穷。我也没有能读完。现在我自己为什么又这样干呢？我觉得，我翻译《罗摩衍那》的这十年，在中国是非常关键的十年。对我们国家的前途来说，是这样。对知识分子来说，也是这样。我是一个从旧社会走过来的知识分子。我所感受的一切，是有代表性的，有典型意义的。从茫然、木然，精神空虚，到毅然、决然，精神焕发，这一个过程，对大多数老知识分子来说，好像是一条必由之路。我好像是一面镜子，其中可以反映出新中国成立后老知识分子的内心变化，反映出今天我们党知识分子政策的正确与英明。现在，开创社会主义建设的新局面的伟大任务，已经摆在我们眼前。党和人民对知识分子的重视已经家喻户晓。把我这一面镜子摆出来，也许是不无意义吧！我虽然把自己比作一面镜子，但是，我知道，这并不是一面非常光亮美妙的镜子，其中照见的东西有美，也有丑，有善，也有恶。再来一个“但是”，即使不是一面光亮美妙的镜子，它毕竟是一面镜子。在这一面镜子里，有我自己的影子，也有其他老知识分子的影子。照它一下，对于提高我们的干劲，促进我们的进步，也许不无作用吧！顾炎武有两句诗：

苍龙日暮还行雨，

老树春深更著花。

我哪敢自比为苍龙？比做老树，也许还是可以的。不管怎样，我还是想再行一点雨，再著一点花的。我想，其他老知识分子大概也会这样想吧！就在这个意义上，我写了这一篇《〈罗摩衍那〉译后记》。

1983 年 2 月 28 日写毕于桂林漓江饭店

1983 年 3 月 27 日抄毕于北京

# 《沙恭达罗》译本序

印度古典文学有着悠久的、光荣的传统。从质的方面来看，它可以媲美中国和希腊的古典文学。从量的方面来看，它远远超过古代希腊。从公元前一千多年的《梨俱吠陀》起，印度古典文学传统可以说是基本上没有中断。到了公元四世纪到六世纪的笈多王朝时代（约等于中国的东晋到南北朝），梵文文学的发展达到了光辉的顶点，被后世的许多历史学家称为“黄金时代”。有些学者把这时代叫做“梵文文学的文艺复兴时代”。这是不完全正确的，因为没有中断，就谈不到什么复兴。在这个过渡期间，作家和作品显得少了一点，这也是事实。这可能是由于印度古代缺少史籍，年代先后，模糊一团。许多作家和作品的年代都无从确定。从而看起来就似乎中断了一个时期。到了笈多王朝时代，名家如林，灿若繁星，作品光彩，映照千古，似乎真的是“文艺复兴”了。

梵文文学为什么在笈多王朝最发达呢？这原因应该到当

时的社会环境里和梵文文学发展的规律中去找。笈多王朝建立于公元 320 年，创始人是旃荼罗笈多一世（320 年 ~330 年）。他以后名王辈出，最盛时期的版图包括整个北印度和中印度的一部分，是阿育王以后的第一个大帝国，也是印度封建社会发展到了高峰的一个大帝国。

在这期间到印度去留学的中国和尚法显对当时的印度社会情况有这样的描述：

> 从是以南，名为中国。中国寒暑调和，无霜、雪。人民殷乐，无户籍官法；惟耕王地者，乃输地利。欲去便去，欲住便住。王治不用刑罔，有罪者但罚其钱，随事轻重。虽复谋为恶逆，不过截右手而已。王之侍卫、左右，皆有供禄。举国人民，悉不杀生，不饮酒，不食葱、蒜，惟除旃荼罗。旃荼罗名为恶人，与人别居。若入城市，则击木以自异，人则识而避之，不相唐突。国中不养猪、鸡，不卖牲口。市无屠沽及沽酒者。货易则用贝齿。惟旃荼罗猎师卖肉耳。自佛般泥洹后，诸国王、长者、居士，为众僧起精舍供养，供给田宅、园圃、民户、牛犊，铁券书录。后王王相传，无敢废者，至今不绝。[1]

---

[1] 见《法显传》。

这里描绘的是北印度恒河盆地所谓雅利安地区（Āryāvarta）的情况。这里是笈多王朝龙兴之地，是它的基础，是由大皇帝直接统治的。在法显的简短、具体又生动的描述中，我们可以看到，当时生产的基础组织主要仍然是农村公社，因此才没有户籍官法。此时印度历史已经进入封建剥削制高度发展的阶段。为什么“惟耕王地者，乃输地利”呢？为什么在法显眼中，赋税竟如此之轻呢？印度学者高善必（D.D.Kosambi）认为，这可能是由于同苛重的中国赋税比较起来，显得如此而已[①]。在“中国”（Madhya-deśa）以外的田地是一定要收租的，一般是收获物的 1/6。大皇帝直接统治的地区，赋税会轻一点，这是可以理解的。所谓“欲去便去，欲住便住”，是说明这里没有农奴制。奴隶已经不允许买卖，但是社会上种姓制度还非常严格。旃荼罗不许住在城内；进城时，必须敲击木头，让别人闻声躲开，以免接触。今天流行在印度的所谓“不可接触”的制度，当时已经根深蒂固。国王、长者等赠送田地给僧伽，高善必在这里看出了没有土地私有制。我认为，这是不正确的。土地私有制从公元前五六世纪封建社会开始就已存在于印度，到了笈多王朝时期，早已不是什么新鲜事物，更谈不到什么不存在的问题了。

① 见《印度史研究导论》Introduction to the Study of Indian History，第 278 页。

在这个囊括北印度的大帝国以内，特别是在笈多王朝全盛时期，政治上是统一的，政令是能够通行全国的。在经济方面，生产力是相当高涨的。城市很繁荣，商业很昌盛，国内和国外交通都比较发达。国外贸易北至中亚，东至中国、印度尼西亚，西至小亚细亚、中近东，到处都呈现出一片欣欣向荣的气象。拿中国的历史来比一下，这是“分久必合”的时期，是所谓“盛世”。

笈多王朝全盛时期，情况大体上就是这样子。

马克思在《〈政治经济学批判〉导言》中指出，艺术生产与物质生产发展是不平衡的。证之许多国家的文学史，情况确确实实是这样的。古代希腊就是一个很好的例子。但是在东方一些国家，比如中国和印度，例外的情况是可以找得到的。在中国文学史上和印度文学史上，往往有艺术生产与物质生产正相适应的时期。中国的盛唐文学就是如此。印度的笈多王朝的文学也是如此。笈多王朝是印度经济高度发展的时期，与之相适应的是一个文学艺术的高度发展。

但是只从物质基础的发展上还不足以完全说明梵文文学之所以在这个时候特别发达的原因。我们还应该把其他方面的情况也仔细探讨一下。

我们首先看一看文字工具和文体风格方面的情况。在印度古代，书面语言主要是梵文，此外还有少量的俗语。大家都知道，保留到现在的最古的印度文学语言是吠陀语。吠陀语的语法变化异常繁复，无论是名词、动词，还是代词、形容词，语法形式都是异常的多。但是文体风格却是比较明畅而淳朴。继吠陀梵语而起的是史诗梵语。语法变化已经有所简化。接下去就是古典梵语。我们平常所说的梵语就是指的这种语言。作为表达思想的工具，到了笈多王朝，古典梵语已经有了一千多年的历史。在这一千多年中，文学语言的发展约略可以分为三个阶段：梵语——俗语——梵语，有点辩证法否定之否定的意味。至于文体风格的发展却是一条直线的：从明畅淳朴向着繁缛雕饰发展。对婆罗门教来说，梵语是神圣的语言。在最初，宗教、哲学、文学、艺术，甚至医学、天文学等方面的书籍都是用梵语来写的。到了后来，随着社会的发展，随着阶级斗争的发展，新的宗教兴起了，梵语的一统天下随之而动摇。比如佛教和耆那教一兴起，为了对抗婆罗门教，争取群众，立刻就否定梵语的神圣地位，而采用俗语作为经堂语言。佛教和耆那教的经典都是用俗语写成的，同婆罗门教使用梵语形成了鲜明的对照。不但在宗教方面，而且在政治方面，梵语的垄断地位也动摇了。公元前 4 世纪兴起的孔雀王朝，是印度历史上第一个版图最广的大帝国，几乎统一了整个印度。这个王朝的官方语言不是梵语，而是古代半摩揭陀语。有名的阿育王的碑铭可以为证。为什么产生这样的现象呢？同样是统一的帝国，何以孔雀王朝用俗语，而笈多王朝用梵语呢？我们现在还无法说得很清楚。原因之一可能是在阿育王时代，梵语的规范化工作还没有完成，公元前4世纪，波你尼正在努力使梵文规范化。也许是由于他的语法体系最科学、最合理，就为大众所接受，因而产生了巨大影响。到了公元后的笈多王朝时代，这个规范化的工作完成了，于是梵语一跃而成为官方语言。不但在政治方面是这样，连在宗教方面也表现了相同的情况。佛教的教祖原来是竭力反对梵语的。但是一旦梵语作为文学语言流行起来了，有的佛教宗派也开始使用梵语，说一切有部就是这样。到了佛教的大乘，就公然使用起梵语来，连违背祖训这样的感觉似乎都没有了。梵语又重新夺回了一统天下。

在文学方面，也表现了同样的情况。大约生于公元一二世纪的佛教著名僧侣和诗人、戏剧家马鸣就使用梵语写作。他写的有关佛教教义的论著、长篇诗歌，甚至戏剧都使用梵语。只有某些角色说俗语。另外一个作家跋娑（Bhāsa）可能也生在这个时候，或者略早一点。关于这个作家，一直到今天仍然争论很多，我们在这里不去细谈。他留下来的作品用的也是梵语。跋娑的文体非常简朴，几乎没有什么文采。马鸣却是在简朴中富有文采。他的名著《佛所行赞》已大兴藻饰雕绘之风，向着形式主义发展，不过还没有达到公元六七世纪檀丁（Daṇḍin）、波那（Bāṇa）、苏般度（Subandhu）等作家那样，“五色相宣，八音协畅，由乎玄黄律吕，各适物宜”，有点像中国的齐梁文体而已。

上面讲的是文字工具和文体风格两方面的发展，都为笈多王朝的梵语文学的兴起打下了基础，创造了条件。

帝王对艺文的奖掖对于梵语文学的发展也起了促进的作用。中外历史都不乏这样的例子。中外历史上的国王、皇帝所关心的首先是巩固统治、扩大版图，为了达到这个目的，一定要穷兵黩武，大动干戈。打了胜仗，必须立碑记功，这就用得着文人，用得着“大手笔”。后汉窦宪伐匈奴，大胜，就让班固写文章记功，勒石燕然山上。平常也总要装模作样，附庸风雅，请文人写篇把文章署上自己的名字。中国的明太祖等皇帝，恐怕肚子里都没有多少墨水，但却都有“著作”。连自命风雅的乾隆皇帝也干类似的勾当。用他人的文章垂自己的名声，只好弄虚作假了。除了巩固统治、扩大版图和沽名钓誉以外，他们还深切关心传宗接代问题。中国秦始皇所谓“后世以计数，二世、三世，至千万世，传之无穷”，是一个典型的例子，在这一方面，也用得着文人。文人能写文章，为他们“圣上”传宗接代祈求祷祝。因此，“圣上”们也就奖掖艺文，总在朝廷上豢养一批文人，平常吟风弄月，歌功颂德；打起仗来，则草檄记功，勒石名山，两方面互相利用，国王要一些人鼓吹昇平，文人借此得到点残羹剩饭。国王实际上是把这一批文人“倡优畜之”，借用鲁迅先生的话，就是把他们看作“帮闲”。在中国，文人还可以搞科举，做官，在印度好像连这一条路也没有。文人们只好依附朝廷，成为什么“九宝”之类。从《罗摩衍那》起，宫廷诗人的地位就不是很高的。他们主要是歌唱颂诗，唤醒国王，有点像中国唐诗：“绛帻鸡人报晓筹，尚衣方进翠云裘”里的“鸡人”。中国诗人自己不唱诗催醒，只写诗颂圣，印度则须兼而有之，这恐怕是仅有的区别，其地位恐怕是不相上下的。

与上面的情况有联系的还有一个帝王本身对于梵语文学的态度。在笈多王朝全盛时期，几个皇帝都热爱梵语文学。在这一点上最突出的可以说是三摩答剌笈多（Samudragupta）。他不但非常喜爱梵语文学，自己还从事创作。从“诗王”（Kavirāja）这一个称号上，可以看出他在这一方面的自负与野心。至于文章是否真是他自己写的，那是另一个问题。大约在公元 345 年，在阿拉哈巴地方（这是以后的名字）建立起来的一个石柱上，有一篇铭文，是出自三摩答剌笈多的宫廷诗人嗬里尸那（Hariṣiṇa）之手。在这一篇铭文里，诗人歌颂了国王的战功，同时也颂扬了他的写诗与音乐的天才。这在中国已有先例。上面谈到的班固只不过是例子中的一个而已。

有以上谈到的这些情况，梵语文学在笈多王朝时代特别发展起来，几乎形成了一个发展的高峰，也就是完全可以理解了。公认为印度最伟大的诗人、世界文学史上伟大作家之一迦梨陀娑就生在这一个时代。

说他生在这个时代，实际上也是推测之辞。我们对于这一位伟大作家的生年卒月、生平活动，几乎是一无所知。在印度古代文学史上，几乎所有的作家情况都是这样，迦梨陀娑并非例外。

关于他出生的时代，有种种不同的说法。尽管印度和印度以外其他国家的梵文学者已经写了无数的文章来讨论这个问题，可是一直到今天也并没有大家都承认的结论。有的学者主张，他生在公元前几百年；有的学者又主张，他生在公元后几百年。他们列举论据的时候，真是八仙过海，各显神通，看来头头是道，条条有理。但是，只要从另一个角度一看，这些论据又往往站立不住，不攻自破。在这些错综复杂的学说之中，有一个学说是比较为大家所接受的，这就是：迦梨陀娑生在笈多王朝时代。

印度有一个传说：迦梨陀娑是一个婆罗门的儿子，幼年父母双亡，一个牧人把他养大。后来同一个公主结婚。因为表面上看起来出身微贱，公主极以为耻。他没有办法，就去向女神迦梨祈祷，女神加恩赐给他智慧，他于是一变而成为大诗人、大学者。因此人们就称他为“迦梨陀娑”（迦梨女神的奴隶）。

这个传说当然是不可靠的，我们毋宁说，这只是他的名字的一个文字游戏。根据他的作品，我们只能推测出，他是一个婆罗门，是湿婆的崇拜者；他对喜马拉雅山的风光很熟悉。在《云使》（Meghadūta）里，他对邬阇衍那（优禅尼）城有极其生动地充满了热爱的描写。我们因而可以推断，邬阇衍那城就是他的故乡。他有一个剧本，叫做《优哩婆湿》

（Vikramorvaśīya）。这里可能隐含着一个国王的名字超日王（Vikramāditya），他可能在一个叫做超日王的国王的朝廷上生活过。这个推测是与一般的传说相符合的。一般传说就认为他是笈多王朝超日王朝廷上九宝之一。但是不巧得很，笈多王朝两个国王——旃荼罗笈多二世和塞建陀笈多——都在自己的钱币上刻着超日王这个徽号。因此看起来比较简单的问题就复杂起来了。从梵文文学的发展情况来看，旃荼罗笈多二世的可能性更大一些。他的首都正是邬阇衍那，这也与《云使》里的描写相符合。旃荼罗笈多二世在位期间约为公元 380 年至 413 年。因此，如果把迦梨陀娑生年的上限规定为 350 年前后，是比较靠得住的。曼陀娑尔（Mandasor）太阳神庙中有一个碑，立于 473 年，铭文的作者是一个不著名的诗匠，名字叫做婆荼跋底（Vatsabhaṭṭi）。他自己吹牛说，他要跟大名鼎鼎的迦梨陀娑比赛一下。他真的在模拟迦梨陀娑的风格。根据这一件事实，迦梨陀娑生存时代的下限可以定为 472 年。总起来说，他大概生于 350 年到 472 年之间。

迦梨陀娑留下了不少的作品。但是，正如他的生卒年月一样，他的作品的真伪也引起了不少的争论。一般认为可靠的作品有剧本《沙恭达罗》（Śakuntalā）和《优哩婆湿》，有抒情诗《云使》，有叙事诗《鸠摩罗出世》（Kumārasambhava）和《罗怙世系》（Raghuvaṃśa）。此外还有两部著作：《摩罗毗伽和阿祇儞密多罗》（Mālavikāgnimitra）和《时令之环》（Rtusaṃhāra）

也很可能是迦梨陀娑的作品。

在这些作品里面，最重要的就是《沙恭达罗》。印度人民以及外国的梵文学者都一致认为，这是迦梨陀娑的最伟大的作品。

《沙恭达罗》的伟大之处究竟何在呢？从故事情节方面来看，看不出什么伟大之处；因为这情节是从古书上抄来的。在大史诗《摩诃婆罗多》中已经有沙恭达罗的故事（Śakuntalopākyāna，i62.1~69.51）。在《莲华往世书》（Padmapurāṇa）中也有（Svargakh.1~5）。故事的基本情节已粗具规模。在大史诗里所缺的是仙人诅咒、失掉戒指。往世书已经有了戒指和仙人诅咒。迦梨陀娑创新的东西并不多，他只不过把爱情这个主题思想特别突出出来。因此，我们可以说，从主题思想方面来看，这一部作品看不出什么伟大之处。剧中着力描写的是男女的爱情，而爱情这样一个主题又是世界一切国家的文学中司空见惯的，丝毫也没有什么特异之处。然而据我看，迦梨陀娑的伟大之处就正在这里：他能利用古老的故事，平凡的主题，创造出万古长新的不平凡的诗篇。

迦梨陀娑自己是宫廷诗人。虽然从我们上面已经谈过的情况来看，他的地位不见得很重要。但是，既然依附宫廷，就必然要对皇帝作一些阿谀奉承的颂词。在迦梨陀娑的作品里就有不少歌颂当代帝王的诗篇。例如《罗怙世系》1.18：

为了人民的利益，
他征收了租税。
太阳把水吸上去，
落下来增加了千倍。

封建帝王是地主阶级的总头子，他主要依靠剥削农民生产的粮食来恣意挥霍。依附他们的像迦梨陀娑这样的诗人为他们歌功颂德，是不足怪的。迦梨陀娑不但歌颂国王的剥削，在《沙恭达罗》第四幕里，他还借干婆的嘴宣传服从长辈、敬事丈夫等一整套三从四德的封建道德。这同《罗摩衍那》女主人公悉多的伦理标准差不多，是一脉相承的。迦梨陀娑不但为国王的目前统治服务，他还关心国王的传宗接代问题，为他们将来的子子孙孙的统治服务。很多古代印度诗人都是如此。为什么《罗摩衍那》的作者蚁垤大肆宣扬一夫一妻制，宣扬悉多的贞节呢？说穿了，不外是替国王的继承问题操心而已。迦梨陀娑也不例外。在《沙恭达罗》第四幕里，他一再讲到沙恭达罗要生一个圣洁的儿子，做大王统治天下。在第六幕里，国王泄露了他谈情说爱的目的，也不过是为了得子继承王位。在《罗怙世系》和《鸠摩罗出世》里，迦梨陀娑同样也讲的是这个问题。在《沙恭达罗》第六幕里，谈到一个富商航海遇难，没有孩子，无人继承财产。国王说："没有孩子真悲惨。"迦梨陀娑给帝王操心，真可以说是到了家了。

但这只是一个方面。在另一方面，迦梨陀娑对当时上层统治阶级的所作所为也并不完全赞成。在长诗《罗怙世系》中，他用婉转曲折的笔调对国王提出了批评。罗摩遗弃了悉多，他把他描绘成为一个残酷无情的人。十车王误射死修道人之子，他认为他轻率、草菅人命。在《沙恭达罗》里，他利用丑角的插科打诨，隐隐约约地讽刺国王，讽刺他喜新厌故、玩弄女性，“家花不及野花香”。在第五幕里，他先描绘了被遗弃的王后恒娑婆抵在幕后的哀怨的歌声。然后写了被遗弃的沙恭达罗，写得缠绵悱恻，动人心魄。作者的同情显然都是在被遗弃者的方面。写沙恭达罗的被遗弃，其中好像还反映了封建主与农民、城市与乡村的矛盾。在第五幕里乡村人骂城市人，沙恭达罗骂国王。作者的同情显然在受害者和农民一方面。同时，他对那些下层阶级里的人物，例如渔夫、宫女等等也同样是怀着一些好感的。第六幕里那两个宫女写得特别好。宫女一说：“几天以前总督老爷弥呾罗婆苏才把我们俩送到万岁爷脚下来，让我们在这后宫花园里做些杂活。”听口气，很像是总督买的女奴隶。诗人写了短短的几行就把这两个宫女的声音笑貌都生动地描绘出来了。诗人把她们写得活泼可爱，也写出了她们对美好生活的向往，对一切美好的东西的热爱。

所有这一切无疑都是本书的精华。

迦梨陀娑对国王又歌颂又讽刺，这不是有点矛盾吗？在这里，矛盾是不能否认的，但也是完全可以理解的。我们举一个中国的例子。唐代伟大的诗人杜甫，忠君爱国，几乎达到念念不忘的程度。他关心人民疾苦，也是众所周知的。《自京赴奉先县咏怀五百字》:“生逢尧舜君，不忍便永诀。当今廊庙具，构厦岂云缺？葵藿倾太阳，物性固莫夺。”他对唐王的感情多么深厚啊！然而就在同一长诗里，他却唱出了千古流传的名句:“朱门酒肉臭，路有冻死骨。”在《丽人行》里，他又写道:“炙手可热势绝伦，慎莫近前丞相嗔。”难道人民这种凄惨的情况和大官这种跋扈的情况同他所依恋的唐王没有一点关系吗？难道杜甫对于这一点根本不知道吗？当然不是。在中国忠君是一种传统的力量，压在杜甫身上，使他不能自拔。但是人民眼前水深火热的生活又是活生生的现实，他不能视而不见，很难想象一个伟大作家对人民生活竟然漠不关心。对人民生活漠不关心的伟大作家是没有的。这样就产生了矛盾，反映到作品上就是又歌颂，又不满。杜甫毕生都陷在这个矛盾中。尽管中国诗人同印度诗人不完全相同，但他们之间总有一些相通的地方。在印度，忠君的传统势力可能要小一些。但是从史诗时起，比如在《罗摩衍那》里，作者就大肆鼓吹国王的重要性，大肆宣扬要敬重国王，歌颂国王。他拼命为国王涂脂抹粉。这种情况在印度好像也形成了一个传统，不能说迦梨陀娑就受不到它的影响。再加上既要依附国王，如果不说两句好话，饭也许就吃不下去。这就是迦梨陀娑的处境。我们对《沙恭达罗》中的矛盾只能作如是观。这是当时社会环境所决定的，我们对于古人不能形而上学地苛求。否则就是历史唯心主义。

不可否认，诗人所着重描写的还是国王豆扇陀和沙恭达罗之间的爱情。在当时的社会情况下，这种爱情是合乎理想的，无可非议的。沙恭达罗爱自己的丈夫，国王也爱沙恭达罗。经过了一些意想不到的曲折，两个人终于团圆。诗人用了很大的力量，描写两方面的相思。对沙恭达罗的思想和感情的活动，诗人更是挖空心思去加以描绘。她一方面想念自己的丈夫，愿意尽早地看到他；但是另一方面，她又舍不得离开自己的义父、朋友、心爱的小鹿和春藤。在她离别的时候，她对净修林里的一草一木都有无限的感情，依依难舍；而这些动物和草木也对她有无限的感情，也是依依难舍。诗人把人性赋予这些草木动物，它们也为沙恭达罗的别离感到悲哀：

小鹿吐出了满嘴的达梨薄草，孔雀不再舞蹈，

蔓藤甩掉褪了色的叶子，仿佛把自己的肢体甩掉。

这样一来，弥漫在净修林里的离情别意就更加浓厚起来了。中国唐代大诗人杜甫的诗句：

感时花溅泪，
恨别鸟惊心。

描写的也是同样的意境。这样的意境是有感人的力量的。《沙

恭达罗》第四幕之所以特别为印度人民所喜爱，原因大概就在这里吧。

在第六幕里，诗人又着重描写了国王对沙恭达罗的想念，写下了许多众口传诵的诗篇。在印度人民心目中，第六幕是仅次于第四幕最受人欢迎的一幕。

迦梨陀娑一方面隐约地讽刺国王是沾惹闲花野草，玩弄女性，一方面又认真地描绘国王与沙恭达罗之间的爱情。这不是又有点矛盾吗？在这里，矛盾也是不能否认的。但同样是可以理解的。我们也举一个中国的例子。唐代大诗人白居易有一篇脍炙人口传诵千古的长诗《长恨歌》。内容是大家都熟悉的，它歌颂了唐明皇与杨贵妃的爱情。千余年来，不知有多少千万读者为唐明皇的真挚的爱情所感动。然而，就在本诗内白居易先说："六宫粉黛无颜色"，又说："后宫佳丽三千人"，可见唐明皇嫔妃之众多。这样一个荒淫的"天子"哪里谈得上什么真正的爱情呢？他曾在马嵬坡前为了保住江山，忍心丢掉杨贵妃，"宛转蛾眉马前死"，"君王掩面救不得"，难道真是救不得吗？这是大家都要问的一个问题。然而在白居易笔下，唐明皇却成了一个情种，居然讲出什么"在天愿作比翼鸟，在地愿为连理枝"一类的话。白居易说的是真话呢，还是假话呢？我看又真又假。真指的是白居易认为唐明皇应该这样子。假指的是现实中的唐明皇并不是这样子。诗人是把他自己理想中的爱情强加到皇帝身上。在《沙恭达罗》里，我们遇到同样的情况，迦梨陀娑明明知道，国王爱沙恭达罗，不过是寻欢作乐，逢场作戏。他一回宫就变了脸，根本不想承认他同沙恭达罗的关系。然而在诗人的笔下，国王也成了一个情种。迦梨陀娑说的是真话呢，还是假话？我看也有真有假。

这里牵扯到一个艺术与现实的问题。艺术能反映现实，不然就不成其为艺术。但又高于现实。毛主席说："文艺作品中反映出来的生活却可以而且应该比普通的实际生活更高，更强烈，更有集中性，更典型，更理想，因此就更带普遍性。"

德国伟大诗人歌德对文学艺术发表过类似的意见。1829年4月10日，歌德把法国理想风景画家克罗特·罗伦（Claude Lorrain，1600~1682）的画拿给艾克曼看。从光线的来源来看，似乎与画上的景物有点矛盾；但是总起来看却是浑然一体，没有什么陌生的痕迹。歌德于是对艾克曼说：

> 现在你看到的是一个完人，他想得美妙，感觉得美妙，在他的心灵中有一个在其外任何地方都不容易看到的世界。——这些画具有最高的真实性（wahrheit），但是却没有一点现实性（wirklichkeit）的痕迹。克罗特·罗伦了解现实的世界，连细微末节都不会遗漏，他就使用这现实世界做手段，以表现他那美妙的心灵中的世界。而这就正是那种真正的

理想性（Idealität），它能使用现实的材料，让外表上呈现出来的真实（das erscheinendè Wahre）唤起一种幻觉，好像它真是现实的。

Eckermann，Gespräche mit Goethe，Weimar 1918. 1.Bd. s.300~301；Conversation of Goethe with Eckermann and Soret，Transl.by John Oxenford，London 1850，vol. Ⅱ .pp.175~176。[①]

艾克曼说，这是至理名言，同样适用于诗与造型艺术。歌德说："我也这样想。"

现实性（Wirklichkeit）指的是客观存在的事物，只把它如实地描绘出来，那还不能算是艺术。真实性（Wahrheit）比现实性更高、更深刻、更本质。艺术家的创造性就表现在由现实性提高到真实性。"外表上现出来的真实"唤起一种幻觉，让人看起来就像是现实的东西那样。国王同沙恭达罗的爱情就是这样。国王三心二意，这是现实的东西。经过迦梨陀娑的艺术加工，诗人写出了他认为应该是那样子的情况，换句话说，也就是诗人的憧憬或理想。于是国王就被写得一往情深。一千多年以来，印度国内外广大读者之所以深受感动，其动力来自真实性，而不是现实性。

① 周学普译：《歌德对话录》，商务印书馆 1936 年版，第 205~206 页。

这里还有一个问题我想谈一下。总起来看，《沙恭达罗》虽然基本上是一出喜剧，以大团圆结束，但是其中确实有一些悲剧的因素，几乎形成了一出悲剧。西方的文艺批评家分悲剧为两种：一种是由剧中人物的性格所决定的悲剧，一种是由一些偶然事件或命运所决定的悲剧。他们认为前者高于后者，而《沙恭达罗》是属于后者的。这种意见不能说是错误的。但是同印度具体情况结合起来，却不能完全应用。仙人诅咒竟然有那样大的威力，印度以外的人是不大能理解的。但是由于婆罗门（仙人就是他们的缩影）大力宣扬，印度人民相信了这一套，印度文人学士也把这一套搬进自己的著作中，关于这一点我们不应该过分苛求。

现在再谈一谈迦梨陀娑掌握语言工具的技巧和《沙恭达罗》的艺术风格。这二者是有密切联系的。梵文不是人民大众的语言，因而它就不能像人民大众的语言那样随时有洋溢着活力的源泉注入。它只在文人学士的笔下生存和发展。在长期发展的过程中，梵文逐渐失掉活力，走上雕琢堆砌的道路。不少的梵文作家专门发展一种刁钻古怪、冗长累赘的文体，有点像中国汉代的赋。像檀丁（Daṇḍin）的《十王子行述》（Daśakumāracarita）这样的作品，在印度文学史上也算是名著；但是里面的人物却多半都像影子似的没有血没有肉。这与文体是分不开的。然而在迦梨陀娑笔下的梵文都是淳朴而不枯槁，流利而不油滑，雍容而不靡丽，谨严而不死板。就用这样的语言工具，迦梨陀娑创造出来了一种新的艺术风格。这在印度文学史上是一件大事情。

关于艺术风格在印度文学史上衍变的情况，我在上面已经谈了一些。我现在专门谈一谈迦梨陀娑的艺术风格。简言之，他的风格既不像吠陀和史诗那样简朴，又不像檀丁、波那等那样“竞一韵之奇，争一字之巧”浓得化不开。在中国文学史上文（翰藻）与质（淳朴）总是交替地一起一伏地向前发展的。《诗经》的风格属于质，汉代的古诗也属于质，建安文学是由质到文的转折点。到了六朝来了一个文的大发展。初唐陈子昂等又提倡质。韩愈“文起八代之衰”。到了中晚唐，文又抬头。宋初又是质，南宋姜吴又是文。而在印度文学史上，情况却不是这样，它是直线发展的。迦梨陀娑就正处在这直线发展的中间。

我在这里并不想给文与质做什么评价。二者只要掌握得好，都各有优点。掌握得不得当，则失之毫厘，谬以千里。任何事物，都是如此。艺术风格也不例外。所以在这里关键是一个分寸问题，一个“火候”问题。我认为，迦梨陀娑是最能掌握分寸的，最能认识“火候”的，他的艺术风格在印度文学史上就成了空前绝后的典范。

迦梨陀娑就使用这样的语言工具，利用这样的艺术风格塑造出许多栩栩如生有血有肉的人物形象。我这里只想讲一个女主人公沙恭达罗。这样一个人物在印度文学史上是绝无仅有的。有比较才能鉴别。我先在这里举出几个中印文学史上的著名的妇女来比较一下。中国历史上和文学史上著名的妇女，如王昭君、蔡文姬等，虽然大名鼎鼎，但除了有点爱国主义之外，性格并不很明朗。杜甫讲到王昭君，也只不过说："分明怨恨曲中论。"唐朝的杨贵妃，除了谈情说爱，争风吃醋之外，似乎也没有多少具体的东西。《西厢记》里的崔莺莺敢于反封建，但是对于张生却是一味柔顺。在印度文学史上，性格明确的妇女似乎比较多。沙恭达罗以前在文学史中最著名的妇女大概是《罗摩衍那》的悉多。悉多代表的是公元前三四世纪的女性。按时间来看，沙恭达罗是在悉多之后；但从性格上来看，她却好像处在悉多之前。她身上倒有点《摩诃婆罗多》的味道。虽然干婆也大肆宣扬三从四德那一套，可是沙恭达罗本人却并不完全遵守。她不像悉多那样婉顺、柔和、屈从、容忍。虽然悉多也有两面性，但是总起来看，躬行三从四德之状可掬。沙恭达罗却还有点粗犷的味道，她又有点狡猾，她敢于当面痛骂国王（第五幕）。她先说："你引诱我这天真无邪的人。"又痛骂国王说："卑鄙无耻的人！你以小人之心度君子之腹。谁还能像你这样披上一件道德的外衣，实在是一口盖着草的井。"她还骂他是"骗子"。对于沙恭达罗这种性格，我们怎么去解释呢？可能有点史诗的残余的影响，也可能代表一些迦梨陀娑的观点：对国王不能百依百顺。

迦梨陀娑也使用了这样的语言工具，创造一个结构谨严，如无缝天衣，无懈可击的剧本。在剧本结构方面，他可以说是承前启后的。特别值得一提的是序幕这个形式。在序幕里，舞台监督和主要演员都出场。这种形式，在迦梨陀娑之前，跋娑就已经使用过。但跋娑的时代和作品的真伪到现在也还没有定论。因此，这个形式的来源究竟是谁，还不清楚。这种形式影响了德国伟大诗人歌德的《浮士德》，这是众所周知的。

从序幕到第一幕过渡得非常自然，引人入胜。第一幕以后，剧情的发展有起有伏，宛如大海中的波浪，一波未平，一波又起；又像一首交响乐，一环扣一环，有联系，但又有区别。故事情节，有时候如光风霁月，有时候又如惊涛骇浪。“山重水复疑无路，柳暗花明又一村”，这两句著名的诗句约略可以描绘剧中的意境。中间有一些神话性的东西，有点像中国的“做戏无法，请出菩萨”；但在《沙恭达罗》中却是生动自然，如行云流水，一点没有硬凑的痕迹。读这样一个剧本，看这样一个剧本的演出，真可以说是一种艺术享受。《沙恭达罗》之所以受到广泛的欢迎，其原因大概就在这里吧。

在印度，很多方言都有《沙恭达罗》的译本。人民喜欢这个剧本，并且以有这样的剧本而自豪。里面的许多诗句，人们都能够背诵。不少的梵文学者能把这个剧本从头背到底。一直到最近，还有人用梵文原文上演它。这都足以说明，这个古典名剧是怎样为广大的印度人民所喜爱。

在国外，人们喜爱这个剧本的程度绝不下于印度。英国梵文学者威廉·琼斯（William Jones）于1789年把《沙恭达罗》译成英文。1791年，乔治·弗斯特（Georg Forster）又从英文译成德文。在欧洲文学界，特别是德国，它立刻就获得了我们今天简直难以想象的好评。德国的大诗人，像赫德（Joh.Gottfried v.Herder）、歌德和席勒都赞不绝口。歌德写过几首诗赞美它。其中一首是：

我们还要知道什么更优秀的东西，
沙恭达罗·那罗，我们必须亲吻；
还有弥伽杜陀，这云彩使者，
谁不愿意把它放进我们的灵魂？

另一首是：

春华瑰丽，
亦扬其芬；
秋实盈衍，
亦蕴其珍。
悠悠天隅，
恢恢地轮，
彼美一人：

沙恭达纶。[1]

一直到1830年10月9日，他还写信给法国梵文学者《沙恭达罗》梵文原本的编校者谢举（Chézy），满怀热情地赞扬《沙恭达罗》。我们已经提到，他的杰作《浮士德》里面的“舞台上序剧”，就是受了《沙恭达罗》的影响。

席勒也曾写信给威靡·封·宏保特（Wilhelm von Humboldt）说：“在古代希腊，竟没有一部书能够在美妙的女性温柔方面，或者在美妙的爱情方面与《沙恭达罗》相比于万一。”

歌德同席勒都曾考虑把《沙恭达罗》搬上舞台。沃尔凑根（A.V.Wolzogen）和莫莱（Morx Möller）都曾改编过《沙恭达罗》，在舞台上演出。施莱德（L.V.Schroeder）也曾改编过这个剧本，没有能够上演。在英国，这个印度古典名剧同样有上演的机会。1899年，在皇家植物学会的花园中演出过。1912年夏天，在剑桥大学留学的印度学生协助演出。1913年1月，在皇家阿伯特剧院（Royal Albert Theatre）演出，一连演了五次。在维也纳和巴黎，《沙恭达罗》被改编为芭蕾舞，在舞台上演出。

在中国近代，第一次注意到《沙恭达罗》的人是苏曼殊。他曾谈到要翻译它；是否真正翻译出来了，无从确定。据估计，大概是没有翻译。据说曾圣提也有译本；是否真有，也

① 苏曼殊译文。

不敢确定。王哲武根据法译本译过，在《国闻周报》上发表。出过单行本的有王衍孔译本和王维克译本，都是根据法文译的；还有糜文开译本，是根据英文译的。卢冀野曾把《沙恭达罗》改为南曲，名叫《孔雀女金环重圆记》。

在印度，正因为这个剧本为广大人民所喜爱，所以各地流传的版本很多。大体归纳起来，可以分为四类：一、孟加拉本；二、克什米尔本；三、中印度本；四、南印度本。这些本子之间有相当大的差别。究竟哪一个本子最靠得住，学者们的意见很不一致。德国著名梵文学者皮舍尔（Richard Pischel）是拥护孟加拉本的。我现在根据的本子就是皮舍尔校订的孟加拉本（Kalidasa's Śakuntala，ananclent Hindu Drama，critically edited by Richard Pischel，Harvard Oriental Series，volume sixteen，Cambridge，Massachusetts，Harvard University Press，1992）。在这里还要加一点说明：梵文剧本有一点特别的地方，地位高的男人说梵文，地位低的男人和女人只准说俗语。如果把梵文译成文言，俗语译成白话，多少能表达这种气氛。但也有困难，所以一律译成白话了。

1959年，第一次出版了我翻译的《沙恭达罗》。北京青年艺术剧院还曾把这个剧本搬上舞台。今年春天，我去印度。印度朋友告诉我，译文片断曾在加尔各答电台上朗诵过。时隔20年，现在我又把全书译文校阅了一遍，改正了一些错误和不足之处。又把一些译名同我翻译的《罗摩衍那》统一起来。

把原有的译本序重新写了一遍，把我最近的对《沙恭达罗》的一些看法写了出来。翻译这样一部经历了一千多年传遍全世界的印度古典名剧，是并不容易的；对它作一个恰如其分的评价就更困难。在这两个方面，我的能力都是极其有限的，虽然经过了将近 20 年，自己的进步却并不大，因此，译文改动不多，我现在的评价也还只能算是初步的，我诚恳地希望得到国内外学者的批评与纠正，来共同浇灌这棵中印文学因缘的大树，让它更加繁茂，更加苍蔚。

1978 年 11 月写毕

# 推荐黄宝生汉译《摩诃婆罗多》

《摩诃婆罗多》是印度古代两大史诗之一，与《罗摩衍那》并驾齐驱，宛如双峰并峙。对印度文学，以及周边一些国家的文学产生过重大的影响，蜚声世界。

中国虽然用了一千多年的时间翻译印度典籍，但绝大部分都是佛经，文学典籍几如凤毛麟角，两大史诗虽然在佛典中提到过，却从来没有翻译过来。在中印文化交流史上，这应该说是一件憾事。

“文革”后期，我在看大门、守电话之余，穷数年之力，偷偷摸摸地翻译完了《罗摩衍那》，算是给中印文化交流的伟业做了一点贡献，弥补了一个严重的缺憾。但是，对于篇幅还要长几倍的《摩诃婆罗多》则未敢问津。

一直到几年前，几位对梵文和汉文造诣都比较深厚的中青年学者，才开始翻译《摩诃婆罗多》，董其事者实为中国社会科学院外国文学研究所所长黄宝生教授。这一项庞大的系统工程目前正在顺利地进行着。

这样一部长达十万颂的大史诗，翻译和出版都必然会是旷日持久的。现在我推荐的黄宝生译的《摩诃婆罗多·毗湿摩篇》，是最初出版的一部，筚路蓝缕，其开创的意义极其巨大。本书的译文绝对忠实于原文，汉译文虽然无法保留梵文原文诗歌的特点，但是仍然能给人以诗歌的感觉。

由于上面讲的一些理由，我推荐这一部书参加评选。

2001年3月18日

# 《南亚丛书》序

自渺茫的远古以来，中国就同南亚各国同处在东亚大陆上。从广阔的意义上来说，我们都是邻邦，一向来往频繁，文化交流昌盛。这给彼此的人民带来了幸福与进步。

中国人民是最爱历史的人民，我们无数的史籍中，有大量关于南亚各国的记载。我们的记载不敢说都翔实可靠；但是，总起来看，是比较可靠的。这大大地有利于南亚各国历史的撰写。我们在这一方面，可以说是“近水楼台先得月”。可惜的是，有一段颇长的时间，中国同南亚各国都不同程度地成了西方殖民主义者掠夺剥削的对象。使我们的人民处于水深火热之中，自顾不暇，没法发展我们之间的传统友谊，连彼此相互的了解也感到困难重重了。

物换星移，时异事迁。最近80年来，我国和南亚的邻国都摆脱了殖民统治，成为自己的主人，我们又有了继承我们传统的友谊，进行文化交流，发展贸易往来的可能。我们的国家都逐渐富裕起来，而且将会越来越富裕，人民会越来越幸福，我们的前途是无限光明的。

在这样一个时机，最重要的事情是促成我们中国与南亚邻邦人民间的互相了解。了解能增加我们传统友谊的分量；了解能为我们之间的友谊增添新的内容；了解能促进我们之间的团结；了解能巩固亚洲以及世界的安定。这绝不是一件小事。

怎样才能促进相互了解呢？最简便易行而又行之有效的办法就是加强对彼此情况的研究，著书立说。现在推出的《南亚丛书》就正是他们对南亚各国多方面研究的成果，就是最有意义的著书立说。他们让我为本丛书写几句话，我在兴奋之余写了上面这一些发自内心的话，还望同志们多多指教。

1999 年 7 月 24 日

# 对于编修中国翻译史的一点意见

编修中国翻译史是一件极重要但也极艰巨的工作。我们中国过去在翻译方面的成就，是世界上任何国家都望尘莫及的，而翻译历史之长，在世界上也是独一无二的。因为成就大、历史长，所以整理起来问题也就多。真要想编一部完整的中国翻译史，非集合许多专家通力合作不行。

谈到时代的划分，我目前还没有什么成熟的意见。但第一个阶段是佛典的翻译，恐怕没有人会否认。从后汉到宋朝一千多年，外国和尚跟中国和尚从梵文、巴利文，还有其他西域“胡语”里译过来的经典真可以说是汗牛充栋。因为中文同梵文文法构造非常不同，所以最初翻译的时候，当然感到很大的困难。由于实际的需要，许多译经大师都谈到翻译的标准和理论。这些理论有的非常深刻周密，一直到今天还不能不让我们叹服。但假如真想了解这些理论，最好的办法就是把译文同原文对一下。可惜这些经典的原文，绝大多数都散佚了。在印度本土也早销声匿迹。最近几十年来陆续在中亚西藏迦湿弥罗等地发现了许多原本，我们应该尽可能地把现存的原本拿来同译文对校。最少我们也应该把中国翻译史上几个大师像鸠摩罗什、真谛、玄奘、义净的译文用这方法来仔细研究。鸠摩罗什说过：

> 天竺国俗，甚重文制……改梵为秦，失其藻蔚。虽得大意，殊隔文体。有似嚼饭与人，非徒失味，乃令呕哕也。

他把翻译比作“嚼饭与人”，不得已而为之。所以他的翻译都可以说是意译。他的徒弟僧睿说：

> 梵文委曲，师以秦人好简，裁而略之。

现在我们把他译的大庄严论拿来同新发现的梵文残本一对，虽然发现他常删去原文的繁重，不拘原文的体制，而且变易原文，但这样我们对这些书上的记载就了解得具体而深刻了。鸠摩罗什这种办法不一定值得我们学习，但他的译文之所以为大家所爱好，之所以流传这样广，恐怕与他的译法很有关系。又如义净，他的译文我们读起来觉得不像意译。拿他译的根本说一切有部律同梵文原本一对，我们才知道，在散文部分他的译文对原文很忠实，一到了诗体部分，他有时候也有删削。

以上只是随便举了两个例子。假如我们把这几位大师的译文同原文仔细校对，我相信，一定能够发现许多可以供我们参考或学习的地方。当然，想编修一部中国翻译史工作多得很，绝不能只限于把译文同原文对校；但要编一部完整的中国翻译史，这种对校的工作却也是不可缺的。

1951 年 4 月 17 日

# 研究语言要把微观与宏观结合起来*

赵元任先生是国际上公认的语言学大师。他是当年清华国学研究院的四大导师之一，另有一位讲师李济先生，后来也被认为是考古学大师。在中国现代教育史上，清华国学研究院是一个十分独特的现象。在全国都按照西方模式办学的情况下，国学研究院却带有浓厚的中国旧式的书院色彩。学生与导师直接打交道，真正做到了因材施教。其结果是，培养出来的学生后来几乎都成了大学教授，而且还都是学有成就的学者，而不是一般的教授。这一个研究院只办了几年，倏然而至，戛然而止，有如一颗火焰万丈的彗星，使人永远怀念。教授阵容之强，前无古人，后无来者。赵元任先生也给研究院增添了光彩。

* 本文是季羡林为《赵元任全集》写的序，现标题是编者所加。——编者注

我虽然也出身清华，但是，予生也晚，没能赶得上国学研究院时期；又因为行当不同，终于缘悭一面，毕生没能见到过元任先生，没有受过他的教诲，只留下了高山仰止之情，至老未泯。

我虽然同元任先生没有见过面，但是对他的情况从我读大学时起就比较感兴趣，比较熟悉。我最早读他的著作是他同于道泉先生合译的《仓央嘉措情歌》。后来，在建国前后，我和于先生在北大共事，我常从他的口中和其他一些朋友的口中听到许多关于赵先生的情况。他们一致认为，元任先生是一个天生的语言天才。他那审音辨音的能力远远超过常人。他学说各地方言的本领也使闻者惊叹不止。他学什么像什么，连相声大师也望尘莫及。我个人认为，赵先生在从事科学研究方面，还有一个很突出的特点或者优势，是其他语言学家所难以望其项背的，这就是，他是研究数学和物理学出身，这对他以后转向语言学的研究有极明显的有利条件。

赵元任先生一生的学术活动，范围很广，方面很多，一一介绍，为我能力所不逮，这也不是我的任务。这一点将由语言学功底远远超过我们的陈原先生去完成，我现在在这里只想谈一下我对元任先生一生学术活动的一点印象。

大家都会知道，一个学者，特别是已经达到大师级的学者，非常重视自己的科学研究工作，理论越钻越细，越钻越深，而对于一般人能否理解，能否有利，则往往注意不够，换句话说就是，只讲“阳春白雪”，不顾“下里巴人”；只讲“雕龙”，不讲“雕虫”。能龙虫并雕者大家都知道有一个王力先生——顺便说一句，了一先生是元任先生的弟子——他把自己的一本文集命名为《龙虫并雕斋琐语》，可见他的用心之所在。元任先生也是龙虫并雕的。讲理论，他有极高深坚实的理论。讲普及，他对国内、对世界都做出了卓有成效的贡献。在国内，他努力推进国语统一运动。在国外，他教外国人，主要是美国人汉语。两方面都取得了极大的成功。当今之世，中国国际地位日益提高，世界上许多国家学习汉语的势头日益增强，元任先生留给我们的关于学习汉语的著作，以及他的教学方法，将会重放光芒，将会在新形势下取得新的成果，这是可以预卜的。

限于能力，介绍只能到此为止了。

而今，大师往矣，留下我们这一辈后学，我们应当怎样办呢？我想每一个人都会说：学习大师的风范，发扬大师的学术传统。这些话一点也没有错。但是，一谈到如何发扬，恐怕就言人人殊了。我窃不自量力，斗胆提出几点看法，供大家参照。大类井蛙窥天，颇似野狐参禅，聊备一格而已。

话得说得远一点。语言是思想的外化，谈语言不谈思想是搔不着痒处的。言意之辨一向是中国哲学史上的一个重要命题，其原因就在这里。我现在先离正文声明几句。我从来不是什么哲学家，对哲学我是一无能力，二无兴趣。我的脑袋机械木讷，不像哲学家那样圆融无碍。我还算是有点自知之明的，从来不作哲学思辨。但是，近几年来，我忽然不安分守己起来，竟考虑了一些类似哲学的问题。岂非咄咄怪事。

现在再转入正文，谈我的“哲学”。首先经过多年的思考和观察，我觉得东西文化是不同的，这个不同表现在各个方面，只要稍稍用点脑筋，就不难看出。我认为，东西文化的不同扎根于东西思维模式的不同。西方的思维模式的主要特点是分析，而东方则是综合。我并不是说，西方一点综合也没有，东方一点分析也没有，都是有的，天底下绝没有泾渭绝对分明的事物，起码是常识这样告诉我们的。我只是就其主体而言，西方分析而东方综合而已。这不是“哲学”分析推论的结果，而是有点近乎直观。此论一出，颇引起了一点骚动，赞同和反对者都有，前者寥若晨星，而后者则阵容颇大。我一向不相信真理愈辨（辩）愈明的。这些反对或赞成的意见，对我只等于秋风过耳边。我编辑了两大册《东西文化议论集》，把我的文章和反对者以及赞同者的文章都收在里面，不加一点个人意见，让读者自己去明辨吧。

什么叫分析？什么又叫综合呢？我在《东西文化议论集》中有详尽的阐述，我无法在这里重述。简捷了当地说一说，我认为，西方自古希腊起走的就是一条分析的道路，可以三段论法为代表，其结果是：只见树木，不见森林；头痛医头，脚痛医脚。东方的综合，我概括为八个字：整体概念，普遍联系。

有点模糊，而我却认为，妙就妙在模糊。上个世纪末，西方兴起的模糊学，极能发人深思。

真是十分出我意料，前不久我竟在西方找到了“同志”。《参考消息》2000 年 8 月 19 日刊登了一篇文章，题目是：《东西方人的思维差异》，是从美国《国际先驱论坛报》8 月 10 日刊登的一篇文章翻译过来的，是记者埃丽卡·古德撰写的。文章说：一个多世纪以来，西方哲学家和心理学家将他们对精神生活的探讨建立在一种重要的推断上，人类思想的基本过程是一样的。西方学者曾认为，思考问题的习惯，即人们在认识周围世界时所采取的策略都是一样的。但是，最近密歇根大学的一名社会心理学家进行的研究已在彻底改变人们长期以来对精神所持的这种观点。这位学者名叫理查德·尼斯比特。本文把他的观点归纳如下：

> 东方人似乎更“全面”地思考问题，更关注背景和关系，更多借助经验，而不是抽象的逻辑，更能容忍反驳意见。西方人更具“分析性”，倾向于使事物本身脱离背景，避开矛盾，更多地依赖逻辑。两种思想习惯各有利弊。

这些话简直好像是从我嘴里说出来似的。这里绝不会有什么抄袭的嫌疑，我的意见好多年前就发表了，美国学者也绝不会读到我的文章。而且结论虽同，得到的方法却大异其趣，我是凭观察，凭思考，凭直观，而美国学者则是凭“分析”，再加上美国式的社会调查方法。

以上就是我的“哲学”的最概括的具体内容。听说一位受过西方哲学训练的真正的哲学家说，季羡林只有结论，却没有分析论证。此言说到了点子上；但是，这位哲学家却根本不可能知道，我最头痛的正是西方哲学家们的那一套自命不凡的分析、分析、再分析的论证方法。

这些都是闲话，且不去管它。总之一句话，我认为，文化和语言的基础或者源头就是思维模式，至于这一套思维模式是怎样产生出来的，我在这里先不讨论，我只说一句话：天生的可能必须首先要排除。专就语言而论，只有西方那一种分析的思维模式才能产生以梵文、古希腊文、拉丁文等为首的具有词类、变格、变位等一系列明显的特征的印欧语系的语言。这种语言容易分析、组合，因而产生了现在的比较语言学，实际上应该称之为印欧语系比较语言学的这一门学问。反之，汉语等和藏缅语系的语言则不容易分析、组合。词类、变格、变位等语法现象，都有点模糊不定。这种语言是以综合的思维模式为源头或基础的，自有它的特异之处和优越之处。过去，某一些西方自命为天之骄子的语言学者努力贬低汉语，说汉语是初级的、低级的、粗糙的语言。现在看来，真不能不使人嗤之以鼻了。

现在，我想转一个方向谈一个离题似远而实近的问题：科学方法问题。我主要根据的是一本书和一篇文章。书是《李政道文录》[①]，文章是金吾伦《李政道、季羡林和物质是否无限可分》[②]。

先谈书。李政道先生在本书的一篇文章《水、鱼、鱼市场》中写了一节叫做“对21世纪科技发展前景的展望”。为了方便说明问题，引文可能要长一点：

> 一百年前，英国物理学家汤姆孙（J.Thomson 1856~1940）发现了电子。这极大地影响了20世纪的物理思想，即大的物质是由小的物质组成的，小的是由更小的组成的，找到最基本的粒子就能知道最大的构造。（下略）
>
> 以为知道了基本粒子，就知道了真空，这种观念是不对的。（中略）我觉得，基因组也是这样，一个个地认识了基因，并不意味着解开了生命之谜。生命是宏观的。20世纪的文明是微观的。我认为，到了21世纪，微观和宏观会结合成一体。（第89页）

---

①《李政道文录》由浙江文艺出版社于1999年出版。

② 该文载《书与人》杂志1999年第5期第41~46页。

我在这里只想补充几句：微观的分析不仅仅是20世纪的特征，而是自古希腊以来西方的特征，20世纪也许最明显，最突出而已。

我还想从李政道先生书中的另一篇文章《科学的发展：从古代的中国到现在》中引一段话：

> 整个科学的发展与全人类的文化是分不开的。在西方是这样，在中国也是如此。可是科学的发展在西方与中国并不完全一样。在西方，尤其是如果把希腊文化也算作西方文化的话，可以说，近代西方科学的发展和古希腊有更密切的联系。在古希腊时也和现代的想法基本相似，即觉得要了解宇宙的构造，就要追问最后的元素是什么。大的物质是由小的元素构造，小的元素是由更小的粒子构造，所以是从大到小，小到更小。这个观念是从希腊时就有的（atom就是希腊字），一直到近代。可是中华民族的文化略有不同。我们是从开始时就感觉到，微观的元素与宏观的天体是分不开的，所以中国人从开始就把五行与天体联系起来。（第171页）

李政道先生的书就引用这样多。不难看出，他的一些想法与我的想法颇能相通之外。他讲的微观与宏观相结合，用我的话来说就是：分析与综合相结合。这一点我过去想得不多，强调得不够。

现在来谈金吾伦先生的文章。金先生立论也与上引李政道先生的那一部书有关。我最感兴趣的是他在文章开头时引的大哲学家怀德海的一段话，我现在转引在这里：

> 19世纪最大的发明是发明了发明的方法。一种新方法进入人类生活中来了。如果我们要理解我们这个时代，有许多的细节，如铁路、电报、无线电、纺织机、综合染料等等，都可以不必谈，我们的注意力必须集中在方法的本身。这才是震撼古老文明基础的真正的新鲜事物。（第41页）

金先生说，李政道先生十分重视科学方法，金先生自己也一样。他这篇文章的重点是说明，物质不是永远可分的。他同意李政道的意见，就是说，当前科学的发展不能再用以前那种“无限可分”的方法论，从事“越来越小”的研究路子，而应改变方略，从整体去研究，把宏观和微观联系起来进行研究。

李政道先生和金吾伦先生的文章就引征到这里为止。他们的文章中还有很多极为精彩的意见，读之如入七宝楼台，美不胜收，我无法再征引了。我倒是希望，不管是研究人文社会科学的学者，还是研究自然科学的学者，都来读一下，思考一下，定能使目光远大，胸襟开阔，研究成果必能焕然一新。这一点我是敢肯定的。

我在上面离开了为《赵元任全集》写序的本题，跑开了野马，野马已经跑得够远的了。我从我的“哲学”讲起，讲到东西文化的不同；讲到东西思维模式的差异：东方的特点是综合，也就是“整体概念，普遍联系”，西方的特点是分析；讲到语言和文化的源头或者基础；讲到西方的分析的思维模式产生出分析色彩极浓的印欧语系的语言，东方的综合的思维模式产生出汉语这种难以用西方方法分析的语言；讲到20世纪是微观分析的世纪，21世纪应当是微观与宏观相结合的世纪；讲到科学方法的重要性，等等。所有这一切看上去都似乎与《赵元任全集》风马牛不相及。其实，我一点也没有离题，一点也没有跑野马，所有这些看法都是我全面立论的根据。如果不讲这些看法，则我在下面的立论就成了无根之草，成了无本之木。

我们不是要继承和发扬赵元任先生的治学传统吗？想要做到这一点，不出两途：一是忠实地、完整地、亦步亦趋地跟着先生的足迹走，不敢越雷池一步。从表面看上去，这似乎是真正忠诚于自己的老师了。其实，结果将会适得其反。古今真正有远见卓识的大师们都不愿意自己的学生这样做。依稀记得一位国画大师（齐白石？）说过一句话：“学我者死。”“死”，不是生死的“死”，而是僵死，没有前途。这一句话对我们发扬元任先生的学术传统也很有意义。我们不能完全走元任先生走过的道路，不能完全应用元任先生应用过的方法，那样就会“死”。

第二条道路就是根据元任先生的基本精神，另辟蹊径，这样才能“活”。这里我必须多说上几句。首先我要说，既然20世纪的科学方法是分析的，是微观的。而且这种科学方法绝不是只限于西方。20世纪是西方文化，其中也包括科学方法等等，垄断了全世界的时代。不管哪个国家的学者都必然要受到这种科学方法的影响。在任何科学领域内使用的都是分析的方法，微观的方法。不管科学家们自己是否已经意识到这一点，反正结果是一样的。我没有能读元任先生的全部著作，但是，根据我个人的推断，即使元任先生是东方语言大师，毕生研究的主要是汉语，他也很难逃脱掉这一个全世界都流行的分析的思潮。他使用的方法也只能是微观的分析的方法。他那谁也不能否认的辉煌的成绩，是他使用这种方法达到尽善尽美的结果。就是有人想要跟踪他的足迹，使用他的方法，成绩也绝不会超越他。在这个意义上来说，赵元任先生是不可超越的。

我闲时常思考汉语历史发展的问题。我觉得，在过去两三千年中，汉语不断发展演变，这首先是由内因所决定的。外因的影响也绝不容忽视。在历史上，汉语受到了两次外来语言的冲击。第一次是始于汉末的佛经翻译。佛经原文是西域一些民族的语言，梵文、巴利文，以及梵文俗语，都是印欧语系的语言。这次冲击对中国思想以及文学的影响既深且远，而对汉语本身则影响不甚显著。第二次冲击是从清末民初起直至五四运动的西方文化，其中也包括语言的影响。这次冲击来势凶猛，力量极大，几乎改变了中国社会的整个面貌。五四以来流行的白话文中西方影响也颇显著。人们只要细心把《儒林外史》和《红楼梦》等书的白话文拿来和五四以后流行的白话文一对照，就能够看出其间的差异。按照西方标准，后者确实显得更严密了，更合乎逻辑了，也就是更接近西方语言了。然而，在五四运动中和稍后，还有人——这些人是当时最有头脑的人——认为，中国语言还不够“科学”，还有点模糊，而语言模糊又是脑筋糊涂的表现。他们想进行改革，不是改革文字而是改造语言。当年曾流行过“的”“底”“地”三个字，现在只能当作笑话来看了。至于极少数人要废除汉字，汉字似乎成了万恶之本，就更为可笑可叹了。

赵元任先生和我们所面对的汉语，就是这样一种汉语。研究这种汉语，赵先生用的是微观分析的方法。我在上面已经说到，再用这种方法已经过时了，必须另辟蹊径，把微观与宏观结合起来。这话说起来似乎极为容易，然而做起来却万分困难。目前不但还没有人认真尝试过，连同意我这种看法的人恐怕都不会有很多。也许有人认为我的想法是异想天开，是痴人说梦，是无事生非。“不识庐山真面目，只缘身在此山中”。大家还都处在庐山之中，何能窥见真面目呢？

依我的拙见，大家先不妨做一件工作。将近70年前，陈寅恪先生提出了一个意见，我先把他的文章抄几段：

若就此义言之，在今日学术界，藏缅语系比较研究之学未发展，真正中国语文文法未成立之前，似无过于对对子之一方法。（中略）今日印欧语系化之文法，即马氏文通“格义”式之文法，既不宜施之于不同语系之中国语文，而与汉语同系之语言比较研究，又在草昧时期，中国语文真正文法，尚未能成立，此其所以甚难也。夫所谓某种语言之文法者，其中一小部分，符于世界语言之公律，除此之外，其大部分皆由研究此种语言之特殊现象，归纳为若干通则，成立一有独立个性之统系学说，定为此特种语言之规律，并非根据某一特种语言之规律，即能推之概括万族，放诸四海而准者也。假使能之，亦已变为普通语言学音韵学、名学，或文法哲学等等，而不复成为某特种语言之文法矣。（中略）迄乎近世，比较语言之学兴，旧日谬误之观念得以革除。因其能取同系语言，如梵语波斯语等，互相比较研究，于是系内各种语言之特性逐渐发见。印欧系语言学，遂有今日之发达。故欲详知确证一种语言之特殊现象及其性质如何，非综合分析，互相比较，以研究之，不能为功。而所与互相比较者，又必须属于同系中大同而小异之语言。盖不如此，则不独不能确定，且常错认其特性之所在，而成一非驴非马，穿凿附会之混沌怪物。因同系之语言，必先假定其同出一源，以演绎递变隔离分化之关系，乃各自成为大同而小异之言语。故分析之，综合之，于纵贯之方面，剖别其源流，于横通之方面，比较其差异。由是言之，从事比较语言之学，必具一历史观念，而具有历史观念者，必不能认贼作父，自乱其宗胤也[1]。

引文确实太长了一点，但是有谁认为是不必要的呢？寅恪先生之远见卓识真能令人折服。但是，我个人认为，70年前的寅恪先生的狮子吼，并没能起到振聋发聩的作用，好像是对着虚空放了一阵空炮，没有人能理解，当然更没有人认真去尝试。整个20世纪，在分析的微观的科学方法垄断世界学坛的情况下，你纵有孙悟空的神通，也难以跳出如来佛的手心。中外研究汉语语法的学者又焉能例外！他们或多或少地走上了分析微观的道路，这是毫不足奇的。更可怕的是，他们面对的研究对象是与以分析的思维模式为基础的印欧语系的语言迥异其趣的

① 见陈寅恪《金刚馆丛稿二编》《与刘叔雅论图文试题书》。

以综合的思维模式为源头的汉语，其结果必然是用寅恪先生的话来说“非驴非马”“认贼作父”。陈先生的言语重了一点，但却是说到了点子上。到了21世纪，我们必须改弦更张，把微观与宏观结合起来。除此之外，还必须认真分辨出汉语的特点，认真进行藏缅语系语言的比较研究。只有这样，才庶几能发多年未发之覆，揭发出汉语结构的特点，建立真正的汉语语言学。

归根结底一句话，我认为这是继承发扬赵元任先生汉语研究传统的唯一正确的办法。是为序。

2000年8月30日写毕于雷雨大风声中

# 中外文论门外絮语

## 从《中外文化与文论》谈起

对中外文论我都涉猎过一点，也确实读过不少的书。但所务不专，浅尝辄止。又因为自己的专业不在这方面，因此没有特别加以注意。所以一直到今天，兴趣虽在，钻研不深，仍然留在中外文论的门外，遑论登堂入室。但是，天下万事万物，都要一分为二。在某一些方面，一个门外汉反而能看出点门道。因为他所入不深，了无所蔽。没有真正专家们的条条框框，没有那一些“枷锁”，跳起舞来，反而更能轻松如意。这种情况恐怕很多人都是承认的，用不着详细论证。

我是一个脑筋闲不住的人，酷好幻想。幻想的不一定都能切中肯綮，但偶尔也能搔到痒处，谈到点子上。见仁见智，各人看法不同，我不好再在这里“老王卖瓜”了。

最近读到了“中国中外文艺理论学会”和四川联合大学中

文系汉语言文学研究所合办出版的《中外文化与文论》(1996年)十分感兴趣，觉得是一本好书，立即推开手边的其他工作，读了起来。但我其他的工作毕竟还是太多，太杂，太急，没有能读完全书，被迫放下。仅就读过的几篇来说，我学习了不少的知识，获得了很大启发。我那爱好胡思乱想的老毛病又发作起来，如骨鲠在喉，必须一吐为快。这就是一篇“絮语”的由来。

### 论所谓“失语症”

“失语症”这个词儿见于曹顺庆教授的一篇文章中《重建中国文论话语》为了避免失真，我索性先抄一段曹先生的话：

> 21世纪中国文化发展战略的第一步，是要主动地迎接并推动世界文化的转型，主动与西方文化展开对话，在对话中互释互补，达到跨文化的创造与建构。然而，对话，首先要解决文化话语问题。遗憾的是，中国现当代文化基本上是借用西方的一整套话语，长期处于文化表达、沟通和解读的“失语”状态。因此，重建中国文化话语具有相当的紧迫性和重要性，因为中国文化要想自立于世界民族之林，就必须重新建构自己的理论话语，否则，就只能充当西方文化的摹仿者、追随者甚至附庸。

然而，当今文艺理论研究，最严峻的问题就是文化失语症。

而曹先生引了我的话，说“我们东方国家，文艺理论方面噤若寒蝉”，在近现代没有创造什么有影响的文艺理论体系。他又引了香港黄维樑教授的话，说“在当今的世界文论中，完全没有我们中国的声音”。这些话我都是完全同意的。在文章的最后，曹顺庆教授提出了一些具体的做法，他说“首先是从话语角度对中国传统文论进行发掘整理，这包括三个层次的工作”。为了把他的想法说明白，我看，我还是抄他的原话吧：

1. 话语核心概念范畴的清理；2. 对文化架构的清理；3. 对话语表述方式、言说特征的清理。其二是在与西方文论话语对话中使之凸现、复苏与更新。这包括中西不同话语面对同一基本问题的共同言说，中西话语表述方式的互照，中西范畴互释，中西文论话语的互译等等。其三是将初步复苏的中国话语放到古代文学中，甚至在外国文学中测试其话语的有效性及其可操作性，在实践操作中对传统话语进行改造与更新。最后，在“杂语共生态”中，在广取博收之中，逐步建立起既立足于本民族深厚文化根基，又适合于当代文学实践的中国文论新话语。

这无疑都是好的、很有见地的意见。“话语”一词是一个新词儿，是英文出 discourse 的释译，涵义颇多。根据我肤浅的理解，主要指术语一类的东西。

如果曹先生这一篇文章写在一两年前而我又能读到的话，我无疑会完全赞成的。可是，最近一个时期以来，我这“半瓶醋”又有点不安分起来，又想晃荡一下了。我原来也认为，中国文论虽然历史悠久，内容极为丰富，但是使用的术语——我也想学着使用一下这个新词儿“话语”，但不知恰当否——比较笼统、模糊、渺茫、玄虚，总之一句话是不“科学”。我认为西方文论的术语是确切的、清晰的，是“科学的”。我们应该努力学习和使用西方“科学”的术语，用来分析我们的文学作品。这样，我们的文论就会在世界上有了声音。改模糊为确切，改混沌为具体，改感悟为分析，改印象为逻辑，最好能改成数学的方程式——这就是我们的奋斗目标。

但是，最近以来“晃荡”的结果，我忽然得到了“顿悟”，觉得东西方文学有极大的不同。专就西方文学而论，西方文论家是有“话语”的，没有“失语”；但一读到中国文学，我认为，患“失语症”的不是我们中国文论，而正是西方文论。我们中国文论家必须改弦更张，先彻底摆脱西方文论的枷锁，回归自我，仔细检查、阐释我们几千年来使用的传统的术语，在这个基础上建构我们自己的话语体系，然后回头来面对西方文论，不管是古代的，还是现代的，加以分析，取其精华，为我所用。

## 中外（东西）文论的根本差异

我这一番话说得有点石破天惊，必须详细地说明我的理由，我先从中外文论的根本差异谈起。

既然同称文论，必有其共同之处，这一点不待辨而自明，用不着多说。我在这里强调的是差异。

理论是怎样产生的呢？是从哪里来的呢？一般说来，必先有现实或实践，然后从现实或实践中综合、抽绎、归纳成一些带规律性的东西，这就是理论。把这种理论再拿回现实或实践中去检查，能够符合实际，这理论就算是正确的，否则就是部分或者全体不正确的，这理论还不能算是成立了，必须重新研讨。

众所周知，中国汉族文学的载体是单音节的方块字，语法上没有形体上的曲折变化。这同西方的自古希腊罗马留传下的有字母的、有语法变化的语言文字是完全不相同的。语言文字的载体不同，从而在把单词编成的文章上，特别是在诗歌创作上，其审美标准绝不会相同。诗歌讲韵律（有的也不讲，那是另外一个问题），这是共性，但使用的语言文字不同，韵律也会大异其趣。从中产生出来的理论也绝不会一样。这个道理并不难明白。

但是，我认为，最重要的差异还不在形式上，而在根本的思维方式上。我认为，西方的思维方式是分析的，而东方的以中国为代表的思维方式则是综合的，我悟出这个道理以后，近几年来，我曾在许多篇文章中，在许多次座谈会和讨论会上宣扬过，文章和发言都很多，请有兴趣者自己去参考，我在这里不再剌剌不休地说个不停。读我的文章和听我的发言的人，有赞赏者，有反对者，有态度不明者。这本是十分正常的现象，不这样反倒会是怪事。我既不兴奋，也不败兴。但是，最近我在光明日报社召开的有文理工农各科学者都参加的座谈会上，听到了中国科学院自然科学史研究所所长王渝生教授的发言，却感到了兴奋。他说，最近在香港召开的一次国际学术讨论会上，他就这个会的讨论主题：21 世纪前沿科学的展望问题，发表了自己的看法：他首先讲到，21 世纪的前沿科学，其中首先是自然科学的研究指导思想，应该是中国几千年一直流传的“天人合一”的思想。其次，他又讲到，他以一个数学家和自然科学史研究专家的身份，感到西方的基本思维方式是分析的，而以中国为代表的东方基本思维方式则是综合的。由于行当不同，我的那些文章他绝不会读到，我的那些发言他绝不会听到的。这完全是“英雄所见略同”。我窃自比为“英雄”，有点不够谦虚，不过这是一句成语，我也无从改变。总之，我听了王先生的发言以后，石破天惊，空谷足音，我真有点“喜欲狂”的劲头了。我万万没有想到，自己能够在本行以外一个自然科学家的嘴中听到了完全相同的意见。我的信心倍增，再坚持自己的看法时绝不会心里打鼓了。

话收了回来：东西文艺理论之差异，其原因不仅由于语言文字的不同，而根本是由于基本思维方式之不同。只有在这个最根本的基础上来探讨东西文论之差异，才真正能搔着痒处，不至只作皮相之论。

## 试论王静安的“境界”说

王静安先生的《人间词话》，篇幅虽不算太长，但在中国近代文论史上却占有颇为重要的地位，有颇大的影响。我对这部书虽读过多遍，却不敢说有什么深刻的理解，我现在仅就书中最著名的“境界说”提一点小小的不同的看法。

“境界”二字来自佛典翻译，这是大家都承认的事实。《人间词话》的基本思想是受了西方一些哲学家学说的影响，恐怕也是一个事实。

静安先生对自己的“境界说”是颇为得意的。他写道：“然沧浪所谓兴趣，阮亭所谓神韵，犹不过道其面目，不若鄙人拈出境界二字为探其本也。”

对于静安先生境界说本身，我不敢赞一词，但是对于“有我之境”和“无我之境”，我却有一点疑问，一个小小的无伤大雅的疑问。王先生说：“‘泪眼问花花不语，乱红飞过秋千去'，'可堪孤馆闭春寒，杜鹃声里斜阳暮'，有我之境也。'采菊东篱下'，悠然见南山'，'寒波澹澹起，白鸟悠悠下'，无我之境也。有我之境，以我观物，故物皆着我之色彩。无我之境，以物观物，故不知何者为我，何者为物。"所举的例子中，别的我且不说，只说陶渊明的两句诗："采菊东篱下，悠然见南山"，王先生把它列入无我之境。我认为，实际上是有我的，汉文可以不用主语，如译为英、德、法等文，主语必赫然有一个"我"字（I，ich，je）在。既然有个"我"字在，怎么能说是"无我"呢？我觉得，在这里不是"无我"，而是"忘我"，不是"以物观物"，而仍然是"以我观物"，不过在一瞬间忘记了"我"而已。

这种想法同境界说关系不大，但也不能说一点关系都没有。

**言意之辨**

蕴藏于人类内心中的思想、经验等等谓之意，外化为声音或文字谓之言。在动物界中，这是人类所独有的东西。言、意二者之间有极大的矛盾，早为哲人所感知。西方古代哲人也发现了这个矛盾，而在中国，无论是在哲学史上还是文学史上。这都是一个重要的问题，在美学史上，当然也会例外。其关键就在于："言"能不能够充分地、完整地、真实地表达出心中的那个"意"来，简略的说法就是：言能不能尽意？

这是一个大问题，中外古今哲人论之者众矣。我在这里不想详尽地讨论，我只想对于这个问题提出一点自己的粗浅的看法。想要了解详细情况，请参阅任继愈先生的许多著作，比如任先生主编的《中国哲学发展史》(魏晋商南北朝),《魏晋玄学和文学》中的《魏晋玄学言、意之辨和文学创作》；敏泽先生的《中国文学理论批评史》(上)。此外，还有很多可以参考的书，无法一一列举。

在年轻一代学者的著作中，童庆炳先生和程正民先生主编的《心理美学丛书》中的陶东风先生著的《中国古代心理美学六论》是一部很值得注意、很有独到见解的书。书中“三、言不尽意与言外之意——言意论”章是专门探讨言意问题的。此文贯穿古今，融会中外，有非常精彩的独到的见解。这里用不着细讲。

我现在只想根据我在上面提出来的东西基本思维方式不同这个看法，来谈一点个人的意见，以求教于陶先生和其他内行里手、专家学者。我在上面已经提到东方的思维方式是综合，而西方的思维方式是分析。我在这儿想补充几句。

我想把话说得远一点，以扩大我们的眼界，开拓我们的思路。我想从两门西方新兴起的学科谈起，一门是模糊学，一门是混沌学。先谈模糊学。1965 年，美国加州大学伯克莱分校教授、系统科学家扎德（L.A.Zadeh），在一篇论文中提出了研究事物模糊性的问题，并且制定了模糊集合这个新概念，由此产生了一门新科学：模糊学。在中国介绍模糊学最全面的著作是苗东升先生的《模糊学导引》。

模糊学从模糊数学开始，逐渐到模糊逻辑、模糊语言学，还有一系列冠以模糊二字的学科，影响遍及人文社会科学和自然科学。混沌学开始得稍晚一点，混沌研究从70年代初逐渐进入高潮，到了今天，在过去的20多年中，研究队伍扩大迅速，成果累累，影响巨大。在国外，格莱克的那一部脍炙人口的著作《混沌：开创新科学》，已有中文译本。在世界上，在中国，引起了人们的极大兴趣。有的人给混沌学以极高的评价，称之为20世纪伟大的理论之一。在中国介绍混沌学的仍然是苗东升先生和他的学生刘华杰先生。他们合著的《混沌学纵横论》受到读者的欢迎。

这两门新学科都是从自然科学开始的。可惜我对自然科学所知甚微，我读过上面说到的几本书，也是生吞活剥，不甚了了，我不是想“求甚解”，而是无法求得。我只能从最大的宏观上来体会这几部书和这两门新学科的涵义和意义。中外许多人士都认为这两门新学科意义极其重大。这与我的意见相同。但是，他们认为意义重大的理由绝不会同我的一样，这一点我是敢于肯定的。

那么，我认为意义重大的理由究竟何在呢？一言以蔽之，就在我在上面谈过的东西思维方式之不同上。西方主分析，想把世界上万事万物都搞个清清楚楚、泾渭分明。但是，根据一般人的经验来看，宇宙间绝对清清楚楚、泾渭分明的东西是没有的。清清楚楚的对立面是模模糊糊。模模糊糊不是一个好词儿，然而它却反映了世界的真实情况。西方的思维方式，分析的思维方式，表现得最清楚的是古希腊亚里士多德的逻辑思想，它的形式逻辑是以矛盾律和排中率两个公理为基础的。它认为，在同一个时间内，A 不能既是 X 又不是 X。模糊逻辑扬弃了亚里士多德的绝对教条，建立了更复杂得多评价系统。这种模糊逻辑现在已经应用到许多东西上，包括电视机、洗衣机等等，等等，连制定规划等工作也使用了模糊数学，而且都已获得了成功。

西方的思维方式是主分析的，怎么会忽然兴起了模糊科学？这同东方的综合的思维方式却不谋而合。综合的思维方式主张整体概念，普遍联系，不像西方那样只见树木，不见森林；东方是又见树木，又见森林。不想把一切事物绝对化，不想把一切事物分析得彻底清清楚楚，这是根本办不到的，是违反事物的根本现象的。因此，我说，西方最近半个世纪以来许多有识之士，在无意识中，感到分析思维模式不就是真理，他们想方设法以济其穷。世界上的思维方式非分析则综合，这话有点语病，有点像亚里士多德的公理。不过从大体上说是如此而已，绝对的分析和绝对的综合，也是并不存在的。总之，我认为，最近半个世纪以来发生的事情，是西方向东方靠拢的征兆。这种征兆在 21 世纪的前沿科学中，必然会表现得更明显。

这一点我是完全相信的。

我本来只想用短短几句话就把问题说清楚，但一下笔却就说了这样多。这非我所愿，我是不得已也。

现在回到本题。

在陶东风先生很精彩的文章中，他虽然说得不十分清楚，但却能让人领会到他的本意。他认为，许多中国当代的美学家只知中，而不知外，没有充分利用当代或近代西方一些学者的研究成果，没有注意到西方的新兴学说，什么语义学、心理学、符号学等等，比如语言学家索绪尔、布龙菲尔德、萨皮尔等等的学说。他似乎颇为欣赏弗洛伊德的心理分析，人类意识有不同的层次：意识、前意识、无意识三层。他对现代符号学大师卡西尔，似乎也很欣赏。他还认为："拉康的理论也值得注意。"他受精神分析的影响但对之加以改造，认为语言结构和人的意识结构、人格结构之间有一种对应，图示如下：

$$\frac{\text{能指（S）}}{\text{所指（S）}}=\frac{\text{表层}}{\text{深层}}=\frac{\text{显梦}}{\text{隐梦}}=\frac{\text{意识}\quad\text{超我}}{\text{无意识本我}}$$

拉康的观点显然是综合了索绪尔、乔姆斯基和弗洛伊德的理论而来。我觉得，先不去纠缠那些理论细节，从宏观上来看，这个表和弗洛伊德对意识的三分法，都是西方典型的分析思维的产物。人类的意识真能清清楚楚地、泾渭分明地划分为三个整整齐齐的层次吗？这是办不到的。反不如根据接近于东方的综合思维方式的新兴的模糊理论，来阐释人类意识的层次，这样更能接近客观事实。

谈到言和意。如上所述，意的层次是无穷无尽模糊不清的。外化为言，言的层次也是无穷无尽模糊不清的。此外还有言时的一些外在条件，比如眼神、手势、脸部表情、声音高低、疾徐等等。化为文字也有许多外在条件。这样的言，听到别人耳中，看在别人眼中，听的人和读的人，又要根据各自不同的经验，来加以体会，加以了解。这样一来，听者和读者体会到的和了解到的东西，同原来说者和写者所要想表达的意，绝对不可能完全符合。这是一个典型的模糊关系。从这个观点上来看哲学家们争论不休的“言意之辨”，颇有点庸人自扰的味道。最好了之以模糊理论，这样反而能使天下太平。至于怎样去阐述，简单几句话是不够的，最好还是多说几句。可是那就非我的能力所能及，只能靠大体上能同意我这个“野狐”的看法的真正的专家学者的力量了。

此外，中国哲学史、文学史，特别是绘画史上的“形神问题”，与言意之辨不是一码事，但却又有某些类似之处，我在这里就先不谈了。

## 中国文论的“话语”

我现在又必须回到我在上面“论所谓‘失语症’”中所谈的“话语”问题上来了。

我在那里已经说过，曹顺庆先生的文章是一篇很好的、很有见地的文章。我们意见不同之处只在“失语症”这个词儿上，究竟是谁患了文论话语的“失语症”？是中国，还是西方？我在那里说过两句话：“我认为，患‘失语症’的不是我们中国文论，而正是西方文论。”对于这两句话，我现在必须加以解释。

曹先生说：“中国文化要想自立于世界民族之林，就必须重新建构自己的理论话语。”这是正确的意见，我只是对“重新”二字有点保留意见。怎样来“建构”呢？曹先生的意思似乎是想把东西文论的话语糅合在一起，形成一个“杂语共生态”。这是完全办不到的。因为东西两方面的文论话语来源于两个完全不同的思维模式，还是我那一套老话：东方综合，而西方分析。西方文论学家企图把一篇文学作品加以分析、解剖，给每一个被分析的部门一个专门名词，支离烦琐。而东方的以中国文论家为代表的文论家则从整体出发，把他们从一篇文学作品中悟出来的道理或者印象，用形象化的语言，来给它一个评价，比如“清新庾开府，俊逸鲍参军”，对李白则称之曰：“飘逸豪放”，对杜甫则称之为“沉郁顿挫”，如此等等，例子不胜枚举，这是两种截然不同的文论话语，想把它们融会在一起，不亦难乎！至于这两种话语哪一个更好，我无法回答。我是不薄西方爱东方。就让这两种话语并驾齐驱，共同发展下去吧。二者共存，可以互补互利，使对方时时有所借鉴，当然也并不能排除在某些方面能互相学习。所有这一切，都只能说是好事情。抑一个，扬一个，甚至想消灭一个，都是不妥当的。

说了半天，一个重要的问题还没有答复：中国文论的话语究竟应该是一个什么样子呢？我在上面已经说过，理论来自实际，来自实践，中国文学的载体是中国的语言和文字，讲中国文论不能离开这个实际，从而中国文论的话语也绝不能离开这个实际。

空口无凭，这里需要一些实际的例子。王静安《人间词话》说："'红杏枝头春意闹'，著一'闹'字而境界全出。'云破月来花弄影'，著一'弄'字而境界全出矣。"这类有关"炼"字的论述，古代文论中极多。西方写散文和写诗，使用的词儿有时也会不相同的，其中也有"炼"的意味，但不像中国这样严重而已。在中国类似的例子还可以举出许多来，仅就大家所熟知的例子就有"春风又绿江南岸"中的"绿"字，也可以说："著一'绿'字而境界全出"。"先生之德，山高水长"改一个字，把"德"改为"风"，则意味迥乎不同。至于"池塘生青草"这样传颂千古的名句，若译为西文，则必平淡枯燥，让西方人大惑不解。唐代王维的诗，与此句有相通之处。我个人认为，这是中国诗歌与禅趣密切相连的表现，只能意会，不能言传，一落言筌，立即失色。这又只能以模糊理论来解释了。至于中国的对仗、排比、四声平仄，声音之响亮与低沉，都可以说是中国诗歌的特点，是由汉文本身所决定的。

谈到文论的话语，中国早就有一套的。魏晋南北朝时表现得最明显具体。评人论文，莫不皆然。归根结底，这都与综合的思维方式密切相连。我在下面先举一些具体的例子：

### 世说新语《四部丛刊》本

#### 德行第一

| | |
|---|---|
| 页二 1 | 林宗曰："叔度汪汪如万顷之波，澄之不清，扰之不浊，其器深广，难测量也。" |
| 页三 1 | 季方曰："吾家君譬如桂树生泰山之阿，上有万仞之高，下有不测之深……" |

#### 言语第二

| | |
|---|---|
| 页一六 2 | 徐曰：譬如人眼中有瞳子，无此必不明。 |

#### 文学第四

| | |
|---|---|
| 页二二 2 | 刘尹答曰："譬如泻水著地，正自 |

纵横流漫，略无正方圆者。”

页三三 2　孙兴公曰：“潘文烂若披锦，无处不善。陆文若排沙简金，往往见宝。”

**赏誉第八**

页四四 1　世目李元礼谡谡如劲松下风。

页四五 1　公孙度目邴原：“所谓云中白鹤，非燕雀之网所能罗也。”

页四六 1　裴令公目夏侯太初，肃肃如入廊庙中，不修敬而人自敬。一曰：如入宗庙，琅琅但见礼乐器。见钟士季，如观武库，但睹矛戟。见傅兰硕，汪墙（汪洋——引者）靡所不有。巨山巨源，如登山临下，幽然深远。

2　王戎目山巨源，如璞玉浑金，人皆钦其宝，莫能名其器。

页四七 2　庚子嵩目和峤森森如千丈松，虽磊砢有节目，施之大厦，有栋梁之用。

页四九 1　张华见褚陶，语陆平原曰：君兄弟龙跃云津，顾彦先凤鸣朝阳。

2 有人问秀才："吴旧姓何如？"答曰："……严仲弼，九皋之鸣鹤，空谷之白驹。顾彦先，八音之琴瑟，五色之龙章。张威伯，岁寒之茂松，幽夜之逸光。陆士衡、士龙，鸿鹄之裴回，悬鼓之待槌。"

**容止第十四**

页一 2 魏明帝使后弟毛曾与夏侯玄共坐。时人谓蒹葭倚玉树。

时人目夏侯太初朗朗如日月之入怀。李安国颓唐如玉山之将崩。

页一 2~页二 1 嵇康身长七尺八寸，风姿特秀。见者叹曰："萧萧肃肃，爽朗清举。"或云："肃肃如松下风，高而徐引。"山公曰："嵇叔夜之为人也，岩岩若孤松之独立，其醉也，傀俄若玉山之将崩。"

页二 1 裴令公目王安丰眼烂烂如岩下电。

2 双眸闪闪若岩下电。

页三 1 如玉山上行，光映照人。

页三 2 琳琅珠玉。

| | |
|---|---|
| | 王大将军称太尉处众人中，似珠玉在瓦石间。 |
| 页五2 | 时人目王右军，飘如游云，矫若惊龙。 |
| 页六2 | 轩轩如朝霞举。 |
| 页七1 | 濯濯如春月柳。 |

**白新第十五**

| | |
|---|---|
| 页十1 | 有人哭和长舆曰："峨峨若千丈松崩。" |

**巧艺第二十一**

| | |
|---|---|
| 页三四2 | 顾长康道画，手挥五弦易，目送归鸿难。 |

从上面《世说新语》的这些例子中，我们能够明确无误地看到，当时评论人物，讲述事实，评判文章，用的都是形象化的语言，不用干巴巴的理论性的抽象的话语。

我还可以从《诗品》中举出几个例子来。比如，讲到谢灵运，就说："譬犹青松之拔灌木，白玉之映尘沙"；讲嵇康则用"峻切"；讲班姬则用"清捷"；讲曹植则用"骨气奇高"；讲刘桢则用"真骨凌霜"等等。其中"峻切"等词，似与西方分析性的抽象话语相似，但是，倘一仔细品味，其间仍有不同，仍然是中国感悟式、印象式的词语，不可同日而语。至于后来的“羚羊挂角，无迹可求”“镜中花”“水中月”等等，都是一脉相承的。

中国这些话语，表面上看起来似乎很笼统，很不确切，有人可能认为是不“科学”——我坦白承认，我从前就属于这类人——很模糊。我现在却认为，妙就妙在模糊上。模糊能给人以整体概念和整体印象。这样一来，每个读者都有发挥自己想象力和审美能力的完全的自由，海阔天空，因人而异，每个人都能够得到自己那一份美感享受，不像西方文论家那样，对文学作品硬作机械的分析，然后用貌似谨严、“科学”的话语，把自己的意见表达出来，牵着读者的鼻子走，不给读者以发挥自己想象力的自由。如果给点自由的话，也绝不会太多。

### 怎样在世界文论中发出声音

曹顺庆先生在担心之余提出了这个问题。我自己在《〈东方文论选〉·序》中也慨叹过：“我们东方国家，在文艺理论方面噤若寒蝉，在近代没有一个人创立出什么比较有影响的文艺理论体系……没有一本文艺理论著作传入西方，起了影响，引起轰动。”黄维樑先生也十分感叹地说：“在当今的世界文论中，完全没有我们中国的声音。20 世纪是文评理论风起云涌的时代，各种主张和主义，争妍斗丽，却没有一种是中国的……尽管中国的科学家有多人得过诺贝尔奖，中国的作家却无人得此殊荣，中华的文评家无人争取到国际地位。”够了，够了，不必再多征引了。大家讲的都是一码事。

我在上面已经说过，我们在文论话语方面，绝不是赤贫，而是满怀珠玑。我们有一套完整的与西方迥异的文论话语。我在这里想补充几个例子。我在上面讲的主要是文论的话语，间或涉及人物评论。其实，不但文论和人物评论如此，连中国书法评论也不例外。例子无需多举，我只举中国的书圣王羲之。查《晋书》卷八十《王羲之传》，附《王献之传》。献之是羲之之子，也是著名的书法家。在《王羲之传》最后的“制曰”中，详细分析了羲之和献之父子二人书法之高低不同，连带谈到了钟繇。对钟繇的书法说：“钟虽擅美一时，亦为迥绝。论其尽善，或有所疑。至于布纤浓，分疏密，霞舒云卷，无所间然。但其体则古而不今，字则长而逾制，语其大意，以此为瑕。”谈到钟繇的书法艺术，也使用了一些形象的比喻：“霞舒云卷”。这与当时的做法是相一致的。谈到王献之的书法，则说：“献之虽有父风，殊非新巧，观其字势疏瘦，如隆冬之枯树；览其笔踪拘束，若严家之饿隶。其枯树也，虽槎枿而无屈伸；其饿隶也，则羁羸而不放纵。兼斯二者，故翰墨之病欤！”谈到王羲之的字则说：“观其点曳之工，裁成之妙，烟霏露结，状若断而还连；凤翥龙蟠，势若斜而反直。”梁武帝《古今书人优劣评》说：“王羲之书，字势雄逸，如龙跳天门，虎卧凤阙，故历代宝之。”你看，上面这些评论书法的“话语”，全是形象化的比喻，与文论完全一致，不加逻辑分析，而使用生动的形象。这是中国文论和画论以及书论的特点。（梁武帝一文，蒙欧阳中石先生见告，书此志谢。）

我们中国有长达两千多年的文论萌芽和发展的历史，不像西方那样开头兴旺，中间有了断层，最近又极为兴旺。可是眼前世界的文论界几乎完全为西方所垄断，新学说、新主义风起云涌，而又变化迅速。有的主义延长的时间长一点，有的简直是“蟪蛄不知春秋”，“江山时有主义出，各领风骚数十天”。在这样的热闹声中，却独独没有中国的声音。这岂不是天大的怪事？

据我个人的看法，要想追究其原因，也并不十分困难。我们不妨先从黄维樑先生提到的诺贝尔文学奖谈起。这个奖已经有接近 100 年的历史。获此奖者确有一些伟大的作家，但也不乏一些名不见经传的二三流的作家，他们的作品不过如曹操的诗所说的“譬如朝露，去日苦多”而已。最令人大惑不解——其实也是小惑易解——的是，中国迄今亦无一人获得，连在中国文学史上占有地位的鲁迅诸大师，也与此奖无缘。我为什么又说：小惑易解呢？简单明了地说一句话：这出乎西方某一些，特别是主其事者的瑞典某汉学家等人的偏见。时至今日，西方文化的弊端已经开始显露之际，竟还有一些西方人把枕头垫得高高地做着甜美的“天之骄子”的梦，对中国毫不了解，而且也根本不想了解。相对而言，中国虽不能说没有崇洋媚外者流，但是连一般老百姓都能够或多或少地或深或浅地了解欧美情况。孙子说：“知己知彼，百战不殆。”我们能做到知己知彼，而西方则做不到。将来一旦有事，优劣之势立见，这是我敢断言的。

在这样的情况下，想使中国文论在世界上发出声音，要在世界文论之林中占一个地位，其关键不在西人手中，而全在我们手中。当年鲁迅主张“拿来主义”，我们现在要在拿来的同时，大力张扬“送去主义”。你不来拿，我偏要送给你。但送之必有术。其术在首先认真钻研我们这一套植根于东方综合思维模式的文论话语，自己先要说得清楚，不能以己之昏昏使人昭昭。其次则要彻底铲除“贾桂思想”，理直气壮地写出好文章，提出新理论，只要我们的声音响亮准确，必能振聋发聩。这样一来，我们必能把世界文论水平大大地向前推进一步。只有这样，我们才对得起中国几千年的优秀的文论传统，对得起我们的先人，对得起我们的后世子孙，对得起全世界的人民。

这是我的门外絮语。知我罪我，端在解人。

1996 年

# 外国文学研究中的几个问题*

今天我要讲的这些意见，是深思熟虑多年而形成的。当然不一定正确，因为水平有限，但有些方面或许对同志们有所帮助。

我讲的第一个大问题就是怎样提高研究外国文学的理论水平的问题。

首先要提高马列主义文艺理论水平，这是基本，不能动摇。我跟大家一样，也是新中国成立后才学习马列主义的。我像好多知识分子出身的人一样，向马列主义学习，恐怕不是通过实践，而是通过理论，学习社会发展史，了解从原始社会到共产主义社会的发展史。我在新中国成立前没吃多少苦，没有“三忆三查”，就是学习社会发展史，认识到人类社会不管

---

* 本文原载上海《外国语》杂志 1984 年第 5 期。

多么曲折，但终究要实现共产主义。社会发展史告诉我，这条路绝没有错，是科学的，只不过是时间问题。我读过《资本论》、马克思主义的政治经济学，感到确实有说服力。在新中国要想搞文学的话，只有钻研马列主义文艺理论，学习马列主义经典著作，帮助我们弄清一些问题，只有靠这个，没别的办法。我还看过普列汉诺夫《没有地址的信》，感到他讲得很有道理，讲艺术起源、艺术的阶级性、艺术与劳动的关系。如果列宁不肯定普列汉诺夫，恐怕普列汉诺夫也没有今天的地位。我建议同志们看看这本书。还有德国梅林的文艺理论，我感到他讲得也不错，很有道理。我向在座的提一个要求，包括我自己在内，学习马列主义文艺理论，没有看过的，可以看，看过的，还可以再看，因为看理论书，一遍很难看懂。

第二，学习中国文艺理论。就我国的文艺理论来讲，历史悠久，水平相当高，能持之有据，言之成理，形成一个独立的体系，不愧是世界四大文明古国之一。中国文艺理论非常丰富，有现成的书：郭绍虞的《中国文学批评史》，罗根泽的《中国文学批评史》。另外如郭先生编的中国古代文论选和文艺选，同志们也可看一看。这里我特向你们推荐一本敏泽的《中国文艺理论批评史》。敏泽是中年人，他的书我看了，虽然资料不如郭老的多，但叙述得很有系统，中国文艺理论批评史讲得非常清楚。有一次我问朱光潜先生：你看敏泽的书怎么样？他讲：不错，另外呢，他的写法跟我们都不一样。我觉得这个好，他要是跟老一代都一样，就没有什么进步了，要的就是不一样。我没有意思贬低老一代，老一代有老一代的成就。可是我呢，我始终相信青出于蓝而胜于蓝，年轻一代超过我们，这是历史规律，你承认不承认都是这样。我认为“九斤老太”的思想是不行的，不符合事实。当然也不是说，年轻的同志不努力也比老的强，谁要说我比你年轻，不努力也比你强，就是一点自知之明也没有，将一事无成。另外我想，同志们如果有兴趣的话，最好读读中国古代文论：曹丕的《典论论文》、陆机的《文赋》、唐朝司空图的《诗品》，特别是王国维的《人间词话》，里面每一段都不是长篇论文，但却讲了许多文艺理论，我相信你们看了以后一定爱不释手。《文心雕龙》在世界上声誉很高，日本人研究得比较多。我国有四川大学的杨明照先生，他是《文心雕龙》专家；还有范文澜先生，他是搞历史的，但在20年代初就搞过《文心雕龙》，我讲的这是老的。后来有年轻的，如王元化同志，他给我寄了一本《文心雕龙创作论》，我觉得非常精彩，看了以后，感到跟敏泽相似，也是中年人，近代文学的路子搞得跟老的不一样。去年在日本召开了一个国际讨论会，王元化去参加了，谈了他对《文心雕龙》的意见，为我们国家增了光。《文心雕龙》这本书的内容、主要理论，要搞清楚是很不容易的，需要几代人的努力，几代都要学习。

第三，学习西方文艺理论。西方文论从柏拉图、亚里士多德开始，在这之前也有。这里有一本书，同志们最好费点工夫看看朱光潜的《西方美学史》。书一开头就研究古希腊，有些我们不知道，如有一个数学家毕达哥拉斯，他是自然科学家，也有文艺理论，我认为相当精彩，他从数学角度来讲。后来柏拉图也有，最后集大成者是亚里士多德，大家都知道。应该把朱先生的《西方美学史》看一遍，这本书不难懂。如看它一遍，再看一遍敏泽或是郭绍虞先生讲中国文学批评的书，两条腿走路，那就好了。我们的路子跟希腊很不一样。我的印象是，希腊一开始就讲文艺理论，而亚里士多德还有别的理论，多极了，因为是自然科学，跟他的整个哲学系统都有联系。他对问题分析很细，大概有名的是讲悲剧。希腊人一开始就讲悲剧喜剧。对悲剧，亚里士多德有一个很著名的理论，就是悲剧能够净化人的思想，净化灵魂。他分析悲剧的路子、方法跟我们早期的文学批评家包括刘勰在内的《文心雕龙》不一样。中国的文艺理论分析不很细，而是给人印象。西方讲分析，而中国讲综合。后来到了唐朝，又讲神韵，特别是司空图的《诗品》，那里把诗分成24种意境或境界。后来有许多人讲神韵，说“不著一字，尽得风流”，大家都知道这个。我们讲文艺批评要神似、形似。形似就是形式、外表相似。我们要神似，精神相似。中国文论讲究韵，即神韵，讲究味。西方文论，从希腊开始，一直到今天，通过中世纪、文艺复兴，体系发展了，但同我们不一样。我们根据印象，如司空图的《诗品》都是些印象。什么雄浑、沉着、洗练、典雅、豪放、含蓄、婉约等等。中国文论史上，有的人主“神韵”，也有人主“性灵”，就是讲有“性灵”，就有好诗；王夫之的“性情”说，认为诗最重要的是性情。还有王国维的《人间词话》，他有“境界”说，认为有境界就是好诗。没有境界就不是好诗。如果没有接触欧美那一套，我一点也不怀疑；接触了，觉得我们的不易说清楚。你说什么叫“雄浑”，讲不出来。“性灵”“神韵”“境界”，哪一种文字也翻不出来，白话也翻不出来。王国维还有一说，讲“隔与不隔”。说不隔就是好诗，如“池塘生春草”，池塘里长出春来了。王认为“不隔”因为一看就懂，一点也没有隔阂。但用“谢家池塘”，用了典故，说春草，却不讲春草，用“谢家池塘”讲春草，这就隔了，不行。用一两个典故有什么了不起，说用典故就隔，这就绝对了。我们的这些名词，包括司空图的《诗品》，说不清楚。一看就懂，一问就糊涂。我觉得应把中国文艺理论这一套，用逻辑语言讲出来，不要形象。中国过去评论一个人，从后汉特别是到了南北朝，是根据人的形象，如“出水芙蓉”。可你说究竟什么是出水芙蓉？是好是坏，不好说。这是些比喻，把形象给你，你接受形象的人，形象在你脑筋里面活动，转成思辨，然后得出结论来。我看这有点玄乎。出水芙蓉，我们都懂，可是你理解的出水芙蓉，跟他人不一样，中间都要经过脑筋加工，怎么叫出水芙蓉，就是池塘里面长出一枝荷花，那一定是很美丽的、很挺直的。很形象，但说清楚很费劲。诗词讲究神韵，李白的诗，杜甫的诗，两个都是大诗人，可完全不一样，哪一首是李白的，哪一首是杜甫的，你看得出来，甚至诗的一开头，讲这么几句就知道是李还是杜了。但要突出其区别，就不容易了。我们用“雄浑”等，给你一个概念，让你自己去分析。我看，保留下来的这些东西，其中包括内容，西方的文艺批评表达不出来，我们的就能表达出来，这是一个。另一个是囫囵吞枣，含含糊糊，不太精确。我们怎么把马列主义文艺理论，中国文艺理论，加上西洋文艺理论都吃透？要把这些东西说清楚很难。若能做到这一步，在世界就是先进的。有一个不妥的比喻：中西医的问题。中医能治病，针灸就很有效，但道理很玄乎。我倒不认为中医不科学，因为实践是检验真理的标准。我的意思是要把中国的这些概念说清楚，要提高理论水平才能把它说清楚。希望大家看一些书，如《歌德谈话录》。埃克曼是歌德的秘书，他每天都到歌德那儿去，歌德跟他聊天，这是一个有心人，把谈话内容全都记录下来，成了一部书。他举了一个例子：一天，歌德拿一幅油画给埃克曼看，问画得怎么样，埃看了说好极了，是伟大的作品。歌德又问，你看画里有没有问题？埃说，我看不出。那幅画的背景是一个太阳，中间站着一个人。歌德说，太阳在后面，人在这边，那么人的影子应在什么地方？如果太阳在那边，人在中间，影子应该在相反的一边，对吧？埃克曼说对的，那影子画错了。歌德说，为什么画错了而你看不出来。关于这个，他的解释也不一定对，他的解释似乎是：伟大作家能改变自然。我感到这有道理，歌德的思想非常有趣，他解释：艺术家以违反自然的东西画出来，可叫你看不出来，你说是不是伟大的作品。也不能说每部伟大的作品都这样，我的意思是希望同志们能够看一看《歌德谈话录》，你当它看小说也行。还有莱辛的《拉奥孔》和《汉堡剧评》、海涅论浪漫主义、雨果论文学以及好多大作家论文学。这些确实与希腊是一个体系，总的来说，世界观是唯心主义的，但还是值得一看。关于歌德这个人，你扣他一顶完全唯心主义的帽子恐怕不行，他还有个讲法也很有意思，他研究植物说“花是叶子变的”，我们看了一辈子花也没有想出来花与叶子的关系是什么。我看高尔基论文艺，同志们也可读一读，并不费劲，疲倦时翻翻，可以解除疲劳，增加知识。还有一例，是朱光潜先生50年前上文艺心理学课时讲的，就是“为什么美”的问题。马列主义文艺理论似乎没有完整地接触这个问题。天下有美，有丑。我们研究语言文艺的，都有一个平凡的判断本能。50年前，欧洲有一派文艺心理学家作出了解释，对不对是另外一回事。举个美国选电影明星的例子：他们在大木头杆上雕一个人形，让女孩子站在里面，要完全符合，不差一点，否则就扣分。要是进不去，就根本不行。另外，跳芭蕾舞，是很美的，不美没有人去看。可“四人帮”时期，强调阶级路线，芭蕾舞演员得从农民、工人里去找。这是江青的路线，后来行不通。因为农村姑娘要参加劳动，劳动有其美，农村姑娘一般都很康健，皮肤发红，也是美，这是另一种美。可你要她转圈不行。阶级路线贯彻不了。如果你找个老太太，体重 300 磅，让她跳芭蕾舞，就没有人看。为什么现在我们的芭蕾舞很美，而 300 磅老太太跳就不美，这就有个道理。奥地利心理学家李普斯的“感情移入说”，就是我的感情移到自然界、客观事物上去。如我们看流云之泻，不让你在生理上感到负担，你就觉得美。当然还有静物，如泰山、黄山也很美。这是 50 年前资产阶级的东西，但起码可以让我们的脑筋开开窍。为什么美，我不能解答这个问题，让资产阶级用心理学来解答。李普斯和弗洛伊德一样是医生，他们不是瞎扯。今天的外国文艺理论流派我不清楚，但要是拜倒在它们的脚下，那是我们没有出息。可一概否认，既不了解，也不研究，也是行不通的。我们要了解，只要有机会，都可以研究，研究以后，才能决定拒绝还是接受哪一部分，这才是正确的。我认为现在有些人有点崇拜存在主义这个东西。特别是青年。可什么叫存在主义，并不清楚，抓住一点概念就自以为是了。存在主义哪有那么简单。现在的文艺思潮，千奇百怪，恐怕 20 年以后，剩不了几个。第一次世界大战后有好多主义，现在都没了。现在也是这样，千万不要迷信，包括意识流。还有朦胧诗，我是坚决反对的。我认为写朦胧诗的人有的接近骗子，看的人是傻子。文艺的目的是写出来给人看，要让人看懂，如果不让人懂，你就别写。

第四，印度文艺理论。印度文艺理论有两千多年的历史，是值得研究的。印度很有意思，他的文艺理论讲戏剧与舞蹈是一码事，如电影，没有一部电影不突然给你来个歌唱，载歌载舞。问印度人这是怎么回事，回答说：我们印度人的电影有两个条件，第一个要有歌舞，否则没人买票；第二个是长，四小时以下，这电影不行。我们也有，越剧也是载歌载舞，还有京剧、黄梅戏都有散文与诗词结合在一起的情况。欧洲没有这种情况。一次看欧洲的歌剧，发给我唱词，一晚上才两页唱词，它并不在乎内容，翻来覆去地唱这么几句，就像我们的戏《空城计》，内容早就熟知了，看了几十年，照样有人去看。要看情节，就得看霍元甲。外国的歌剧，也是重在听它的声音、音调，我们的《空城计》要看是谁唱的。

但是我们现在的话剧就不同，它是外来的。我问戏剧学院的一个人："话剧，农民接受不接受？"那人摇摇头。就拿北京的老百姓来说，他们喜欢看评剧。在戏剧方面，我是个外行，但外行有外行的好处，能看到内行看不出的问题，如话剧有没有个民族化的问题。开个玩笑，你请我去看话剧，我不如坐公共汽车，那里每个人都是演员，都进入角色：有骂架的，有谈话的，这要比剧场真实得多。当然，这么说有片面性。我总觉得印度在文艺理论方面有些不足，但有些地方很有趣。如他们的文艺理论书中有一个例子，是一个词，叫"恒河上茅屋"，有三种意思：一是当面的意思，不通。茅屋只能在河岸上，不能在河上；二是引申之意，即在恒河的边上；三是言外之意，意思是神圣安静，因为恒河是圣河，茅屋则表示安静，第三种意思是最高境界。这像我们的“言外之意”，欧洲人不讲这个，起码是不着重讲。我们中国，讲有个“味”，即你不直接讲，要有言外之意，让你琢磨琢磨，跟吃橄榄一样，回味方甘。在这方面，中国与印度相似。

关于文艺理论，我想讲这四方面。

第五，汉语问题。我希望同志们要学习古文。在座的年轻人都研究外国文学，要具有一定的汉语基础，这就是先背上 200 首诗词，旧的；古文也背上几十篇。我不是吓唬同志们，你脑袋里没有几百首诗词，几十篇古文，要写文章，想有什么文采，那非常难。希望大家能补这一课。要多看一点古典文学作品，特别是小说。我推荐大家看《儒林外史》，在语言上，在中国古典小说里可与《红楼梦》媲美。这种书不要只看一遍，像《红楼梦》我起码看了七八遍。《邓小平文选》中有几篇谈到文艺，说要提高表现力，这很重要。你要翻译，就要有一点文采。原作是部好书，经你一翻，一点文采也没有，你对不起原作。文学的论文，逻辑性要讲，也应有点文采。《儒林外史》的表现力很强，用词达到出神入化。如它表现劳动人民不缠脚，用了“大着一双脚”，这个“大”字用得非常恰当，没有其他词可代替它。我们研究外国文学，是不是也有个提高表现力的问题。对外国文学，思想性可吸收的不是太多，而艺术性要吸收的则非常多。如《罗摩衍那》，其表现方法、表现力等，也有很多是值得我们学习的。我们研究外国文学是有目的的，这目的就是要提高表现能力。

第六，外语。千万不要只学一种，应像韩信将兵，多多益善。我们大家都要学英语，英语是世界性语言。我们知道德国人对自己的文化造诣有点自负：讲音乐，有贝多芬，讲文学，有歌德；自然科学也大有人在。可我 1981 年去德国访问时，我的老师，86 岁了，是世界上搞梵文的权威之一，他送我几本书是用英文写的。要不是亲眼见，我是绝对不信的。这意思是德国人也承认今日英文的力量。用德文写，非洲去不了，印度也进不去，用英语写，就能走遍世界。希望同志们多学一点外语，最好学英语，这样写文章容易一些。

第七，知识面。搞文学，知识面非广不行。历史、地理、文化、社会、经济，你研究的国家的这些方面，都要知道。这我就不多讲了。

第八，要懂得科技。我们的同志最好学一学数学，要能使用电子计算机，现在这问题已提到日程上来了。我年纪大了，再学就困难了，也没有这个雄心壮志。但青年人应学点数学。一次北大开德国文学讨论会，一位同志带来一本文艺批评的书，很厚一本，里面全是数学公式。韩素音跟我讲："现在中国搞文学的，非用电子计算机不可。"在美国，电子计算机是家常便饭，人手一个，很方便。在内蒙古，《元朝秘史》蒙文本的词汇，已整本输入电子计算机内，现在他们研究《元朝秘史》蒙文本的语法等，就非常简单。而我们，查资料、卡片就一大堆。用电子计算机，一按，五分钟就全出来了。二次大战后，世界的形势飞跃发展，自然科学、社会科学飞速发展，我们中国落后了。新中国建国初期，我们的经济比日本要好得多，当时日本全垮了，现在怎么样呢？我 1946 年离开德国，那时那个国家全完了；前几年我又去，变化大极了，看起来那是了不起的。我们落后了，现在中央有这种精神，要翻两番，这是很正确的。我们搞外国文学研究，首先应该认识到：你要是跟不上形势，就落后，落后就会挨打。我们要赶上去。希望青年同志要抓紧时间，不要光想着自己小家庭的现代化。我的家很简陋，当然我不反对在可能的情况下，把家庭搞得好一点，过得舒服些，但不要今天搞个三大件，明天又打个沙发，这样不行。有人说“时间就是金钱”，我说“时间就是生命”。别看我比你们中的一些人大 50 岁，可 50 年也是一晃就到。现在不努力，将来就后悔，这就是“少壮不努力，老大徒伤悲”。我现在就有点伤悲，小时候不如现在努力，现在比较努力，但毕竟老了。同志们一定要珍惜时间，最好在房里挂个牌，写上“闲谈不过五分钟”。

今天讲了许多，对象是青年同志，我就倚老卖老，有过头的话，请原谅，并请批评指正。

1984 年 5 月 7 日

# 关于外来词*

我一向认为，文化交流是促进人类社会进步的主要动力之一。我们甚至可以说，没有文化交流，人类就没有进步，就没有今天世界上这样繁荣兴旺的社会。

环顾我们四周，我们今天的衣、食、住、行，哪一件没有文化交流的痕迹？如果没有几千年，特别是近几百年来的文化交流，我们今天的社会能有现在这个样子吗？

文化交流表现的形式很多。外来词在其中占一个很重要的地位。所谓外来词，无非是两大类：一类代表精神方面的，抽象的东西；一类代表物质方面的，具体的东西。佛、菩萨、耶稣教等等属于前者；沙发、咖啡、巧克力等等属于后者。无论是抽象的东西，还是具体的东西，这些词儿所代表的东西原

---

* 本文是季羡林为《异文化的使者——外来词》写的序，现标题是编者所加。——编者注

来都是外国货，传入中国，必须有一个华名，于是千奇百怪的外来词就应运而生。有的最初是音译，后来中国人民觉得不习惯，于是改为意译，比如电话，最初叫德律风，等等。有的始终保持原来的音译，比如沙发、咖啡等等。决定取舍的是广大人民群众。

有很多东西，我们早已忘记了它们是外来的了。比如葡萄、菠菜等等。我们不是天天在吃吗？有谁还会想到：这些东西原来都是“舶来品”——可能是“骆驼来品”——呢？想不到它们是外来品，葡萄、菠菜等的美味绝不会受丝毫的影响，我们照样可以大快朵颐。但是，如果我们在津津有味地享用这些东西之余，能够知道一点它们的来源，不是会更增添一些美感，增加一些历史的美丽的回忆吗？我甚至相信，有了这一些美感，有了一点美丽的历史回忆，在潜移默化中，会加强我们的国际主义精神，意识到世界林林总总的人民总是互相帮助的，共同进入大同之域的理想也绝非一个乌托邦。

我在这里并不要求社会上每一个人都成为研究外来词的专家。他们在读书和生活中遇到一些外来词和用外来词所表示的生活用品，尽管他们不知道这是外来词或舶来品，只要能理解，能享用，这也就够了。但是，对一些从事文教工作的人，一些大、中、小知识分子，特别是从事历史研究、语言研究，或其他有关研究工作的人，似乎应该在这方面要求高一些，应该要求他们对外来词能有一定程度的了解，这绝非过高的要求。

可惜的是，我国对外来词的研究，一向受不到重视。世界上一些先进的文明国家，往往都有一批研究外来词的专家，有不少的外来语词典。一般老百姓，如果有兴趣的话，可以随时查阅，既能扩大知识面，又能提高文化修养。反观我国，不无遗憾。研究外来词的专家很少，编纂成的专著和词典更不多见，广大人民群众对这方面的知识，几乎等于零。这与我们改革开放的大气候显得异常不协调。

史有为同志是个有心人。他多年以来，勤勤恳恳，兢兢业业，不怕坐冷板凳，焚膏继晷，兀兀穷年，从事外来词的研究，现在终于写成了这一部《异文化的使者——外来词》专著，既能当学术著作来读，又能当外来词词典来查，深入浅出，雅俗共赏，为我国学术界弥补了一个缺憾。我相信，这样一部著作，一方面会受到专家学者的赞美，另一方面又会受到广大人民群众的欢迎。是为序。

1989 年 9 月 19 日

# 中外两种竹枝词*

竹枝词，作为乐府曲名，虽然起源于唐代。但是，我总怀疑，它是源远流长的。它同许多中国文学形式一样，最初流行于民间，后来逐渐为文人学士所采用。而对竹枝词来说，这个民间可能就是四川东部巴渝一带地区。唐刘禹锡任夔州刺史。有一次他来到建平（今四川巫山县），听到了民间的儿歌，受到启发，写了《竹枝》九篇。每首七言四句，绝类七言绝句，但不甚讲平仄，押韵也较灵活。当时白居易也有《竹枝》之作。

刘禹锡在《引》中说："昔屈原居沅、湘间，其民迎神，词多鄙陋，乃为作《九歌》，到于今荆楚鼓舞之。"刘禹锡并无意把《竹枝》的产生地带同《九歌》联系起来。但是，我认

* 本文是季羡林为《清代海外竹枝词》写的序，现标题是编者所加。——编者注

为，这是可以联系的。中国古代荆楚一带文化昌盛，几年前发掘出来的编钟震动了世界，就是一个很有说服力的例子。巴、渝地邻荆楚，可能属于同一个文化圈。民间宗教信仰以及祭神仪式和乐章，容或有相通之处。

从歌词内容上来看，也可以看出一些线索来。中国古代南方荆楚一带的诗歌，比如《楚辞》，意象生动，幻想联翩。勉强打一个比方，可以说是颇有一点浪漫主义的气息，同北方以《诗经》为代表的朝廷或民间的诗歌迥异其趣，这种诗词威仪俨然，接近古典主义。竹枝词在情趣方面比较接近《楚辞·九歌》等荆楚文学作品。

根据上面这些考虑，我就怀疑竹枝词是源远流长的。

在中国文学史上，以《竹枝》或《竹枝词》命名的文学作品不是太多。这方面的专著或论文数量也极少。我个人觉得，这似乎是一个小小的憾事。

王慎之先生是一个有心人，多少年来就从事竹枝词的搜集、整理与研究工作，成绩斐然，已有专著出版，享誉士林。现在她又搜集了外国竹枝词，包括了东西方很多国家。作者不一定都曾身履其境，但竹枝词中所描绘的当地的老百姓生活情趣，却几乎都是生动活泼，栩栩如身历。这会受到士林，特别是研究中国文学史的同行们的热烈欢迎，是完全可以预卜的。我向她祝贺。

外国竹枝词，同中国竹枝词一样，作为一个文学品种，非常值得重视。但是，根据我个人的经验，较之中国竹枝词，外国竹枝词还有更值得珍惜的一面。几年前，我写《中印文化交流史》时，曾利用过清尤侗的《外国竹枝词》中有关印度的那几首。把古里、柯枝、大葛兰、榜葛剌那几首都引用到书里，给平庸单调的叙述凭空增添了不少的韵味。我相信，留心中印友好关系的读者，读了这几首竹枝词以后，也会感到情致嫣然，从而增加了对印度人民的理解与感情。其他国家可以依此类推。由此看来，这些外国竹枝词的意义就不限于文学方面，其政治意义也颇值得重视了。

我向王慎之先生祝贺，祝贺这一部书的出版。我怀着愉快的心情写了这一篇序。

1993 年 7 月 4 日

# 漫谈古书今译

弘扬祖国优秀文化的口号一经提出，立即受到了全国人民和全世界华人，甚至一些外国友人的热烈响应。在这里，根本不存在民族情绪的问题。这个口号是大公无私的。世界文化是世界上各民族共同创造的，而中华文化则在世界文化中占有重要的地位。想求得人类的共同进步，必须弘扬世界优秀文化。想弘扬世界优秀文化，必须在弘扬所有民族的优秀文化的同时，重点突出中华文化。不这样做，必将事倍而功半，南辕而北辙。

弘扬中华优秀文化，其道多端，古书今译也是其中之一。因此，我赞成古书今译。

但是，我认为，古书今译应该有个限度。

什么叫“限度”呢？简单明了地说，有的古书可以今译，有的难于今译，有的甚至不可能今译。

今译最重要的目的是，把原文的内容含义尽可能忠实地译为白话文，以利于人民大众阅读。这一点做起来，尽管也有困难，但还比较容易。有一些书，只译出内容含义，目的就算是达到了，对今天的一般读者来说，也就够了。但是，有一些古书，除了内容含义之外，还有属于形式范畴的文采之类，这里面包括遣词、造句、辞藻、修饰等等。要想把这些东西译出来，却非常困难，有时甚至是不可能的。在古书中，文采占有很重要的地位。对文学作品来说，不管内容含义多么深刻，如果没有文采，在艺术性上站不住，也是不能感动人的，也或许就根本传不下来，例如《诗经》《楚辞》，汉魏晋南北朝的赋、唐诗、宋词、元曲等，这些作品，内容与形式高度统一，思想性与艺术性高度结合，只抽出思想加以今译，会得到什么样的效果呢?

我们古人阅读古书，是既注意到内容，也注意到形式的，例如唐代大文学家韩愈在《进学解》中所讲的："上规姚姒，浑浑无涯；周《诰》殷《盘》，佶屈聱牙；《春秋》谨严，左氏浮夸；《易》奇而法，《诗》正而葩；下逮《庄》《骚》，太史所录；子云相如，同工异曲。先生之于文，可谓闳其中而肆其外矣。"这里面既有思想内容方面的东西，也有艺术修辞方面的东西。韩昌黎对中国古代典籍的观察，是有典型意义的。这种观察也包含着他对古书的要求。他观察到的艺术修辞方面的东西，文章风格方面的东西，是难以今译的。

如果把王维、孟浩然等的只有短短20个字的绝句译成白话文，我们会从中得到一个什么样的意境呢？至于原诗的音乐性，更是无法翻译了。

这就是我所说的“限度”。不承认这个限度是不行的。

今译并不是对每一个读者都适合的。对于一般读者，他们只需要懂得古书的内容，读了今译，就能满足需要了。但是，那些水平比较高的读者，特别是一些专门研究古典文献的学者，不管是研究古代文学、语言，还是研究哲学、宗教，则一定要读原文，绝不能轻信今译。某些只靠今译做学问的人，他们的研究成果不应该受到我们的怀疑吗？

西方也有今译，他们好像是叫做“现代化”，比如英国大诗人乔叟的《坎特伯雷故事集》，就有现代化的本子。这样的例子并不多见。他们古书不太多，可能没有这个需要。

中国古代翻经大师鸠摩罗什有几句常被引用的名言：“天竺国俗，甚重文制，其宫商体韵以入纮为善……但改梵为秦，失其藻蔚，虽得大意，殊隔文体，有似嚼饭与人，非徒失味，乃令呕哕也。”我认为，这几句话是讲得极其中肯、极其形象的，值得我们好好玩味。总之，我赞成今译，但必有限度，不能一哄而起，动辄今译。我们千万不要做嚼饭与人、令人呕吐的工作。

1991年12月11日

# 我同外国文学的不解之缘

要想谈我和外国文学，简直像“一部十七史，不知从何处谈起”。

我从小学时期起开始学习英文，年龄大概只有十岁吧。当时我还不大懂什么是文学，只朦朦胧胧地觉得外国文很好玩而已。记得当时学英文是课余的，时间是在晚上。现在留在我的记忆里的只是在夜课后，在黑暗中，走过一片种满了芍药花的花畦，紫色的芍药花同绿色的叶子化成了一个颜色，清香似乎扑入鼻官。从那以后，在几十年的漫长的岁月中，学习英文总同美丽的芍药花连在一起，成为美丽的回忆。

到了初中，英文继续学习，学校环境异常优美，紧靠大明湖，一条清溪流经校舍。到了夏天，杨柳参天，蝉声满园。后面又是百亩苇绿，十里荷香，简直是人间仙境。我们的英文教员水平很高，我们写的作文，他很少改动，而是一笔勾销，自己重写一遍。用力之勤，可以想见。从那以后，我学习英文又同美丽的校园和一位古怪的老师连在一起，也算是美丽的回忆吧。

到了高中，自己已经十五六岁了，仍然继续学英文，又开始学了点德文。到了此时，才开始对外国文学发生兴趣。但是这个启发不是来自英文教员，而是来自国文教员。高中前两年，我上的是山东大学附设高中。国文教员王昆玉先生是桐城派古文作家，自己有文集。后来到山东大学做了讲师。我们学生写作文，当然都用文言文，而且尽量模仿桐城派的调子。不知怎么一来，我的作文竟受到他的垂青。什么“亦简练，亦畅达”之类的评语常常见到，这对于我是极大的鼓励。高中最后一年，我上的是山东济南省立高中。经过了“五卅惨案”，学校地址变了，空气也变了，国文老师换成了董秋芳（冬芬）、夏莱蒂、胡也频等等，都是有名的作家。胡也频先生只教了几个月，就被国民党通缉，逃到上海，不久就壮烈牺牲了。以后是董秋芳先生教我们。他是北大英文系毕业的，曾翻译过一本短篇小说集《争自由的波浪》，鲁迅写了序言。他同鲁迅通过信，通信全文都收在《鲁迅全集》中。他虽然教国文，却是外国文学出身，在教学中自然会讲到外国文学的。我此时写作文都改用白话，不知怎么一来，我的作文又受到董老师的垂青。他对我大加赞誉，在一次作文的评语中，他写道，我同另一个同级王峻岭（后来入北大数学系）是全班、全校之冠。这对一个十七八岁的青年来说，更是极大的鼓励。从那以后，虽然我思想还有过波动，也只能算是小插曲。我学习文学，其中当然也有外国文学的决心，就算是确定下来了。

在这时期，我曾从日本东京丸善书店订购过几本外国文学的书。其中一本是英国作家吉卜林的短篇小说。我曾着手翻译过其中的一篇，似乎没有译完。当时一本洋书值几块大洋，够我一个月的饭钱。我节衣缩食，存下几块钱，写信到日本去订书，书到了，又要跋涉十几里路到商埠去“代金引换”。看到新书，有如贾宝玉得到通灵宝玉，心中的愉快，无法形容。总之，我的兴趣已经确定，这也就确定了我以后学习和研究的方向。

考上清华以后，在选择系科的时候，不知是由于什么原因，我曾经一阵心血来潮，想改学数学或者经济。要知道我高中读的是文科，几乎没有学过数学。入学考试数学分数不到十分。这样的成绩想学数学岂非滑天下之大稽！愿望当然落空。一度冲动之后，我的心情立即平静下来：还是老老实实，安分守己，学外国文学吧。

清华大学西洋文学系，实际上是以英国文学为主，教授，不管是哪一国人，都用英语讲授。但是又有一个古怪的规定：学习英、德、法三种语言中任何一种，从一年级学到四年级，就叫什么语的专门化。德文和法文从字母学起，而大一的英文一上来就念J·奥斯丁的《傲慢与偏见》，可见英文的专门化同法文和德文的专门化，完全是不可同日而语的。四年的课程有文艺复兴文学、中世纪文学、现代长篇小说、莎士比亚、欧洲文学史、中西诗之比较、英国浪漫诗人、中古英文、文学批评等等。教大一英文的是叶公超，后来当了国民党的外交部部长。教大二的是毕莲（Miss Bille），教现代长篇小说的是吴可读（英国人），教东西诗之比较的是吴宓，教中世纪文学的是吴可读，教文艺复兴文学的是温特（Winter），教欧洲文学史的是翟孟生（Jameson），教法文的是 Holland 小姐，教德文的是杨丙辰、艾克（Ecke）、石坦安（von den Steinen）。这些外国教授的水平都不怎么样，看来都不是正途出身，有点野狐谈禅的味道。费了 4 年的时间，收获甚微。我还选了一些其他的课，像朱光潜的文艺心理学，陈寅恪的佛经翻译文学，朱自清的陶渊明诗等等，也曾旁听过郑振铎和谢冰心的课。这些课程水平都高，至今让我忆念难忘的还是这一些课程，而不是上面提到的那一些“正课”。

从上面的选课中可以看出，我在清华大学 4 年，兴趣是相当广的，语言、文学、历史、宗教几乎都涉及了。我是德文专门化的学生，从大一德文，一直念到大四德文，最后写论文还是用英文，题目是“The Early Poems of Holderlin”，指导教师是艾克。内容已经记不清楚，大概水平是不高的。在这期间，除了写作散文以外，我还翻译了德莱塞的《旧世纪还在新的时候》，屠格涅夫的《玫瑰是多么美丽，多么新鲜呵……》，史密斯（Smith）的《蔷薇》，杰克逊（H.Jackson）的《代替一篇春歌》，马奎斯（D.Marquis）的《守财奴自传序》，索洛古勃（Sologub）的一些作品，荷尔德林的一些诗，其中《玫瑰是多么美丽，多么新鲜呵……》《代替一篇春歌》《蔷薇》等几篇发表了，其余的大概都没有刊出，连稿子现在都没有了。

此时我的兴趣集中在西方的所谓“纯诗”上。但是也有分歧。纯诗主张废弃韵律，我则主张诗歌必须有韵律，否则叫任何什么名称都行，只是不必叫诗。泰戈尔是主张废除韵律的，他的道理并没有能说服我。我最喜欢的诗人是法国的魏尔兰、马拉梅和比利时的维尔哈伦等。魏尔兰主张：首先是音乐，其次是明朗与朦胧相结合。这符合我的口味。但是我反对现在的所谓“朦胧诗”。我总怀疑这是“英雄欺人”，以艰深文浅陋。文学艺术都必须要人了解，如果只有作者一个人了解（其实他自己也不见得就了解），那何必要文学艺术呢？此外，我还喜欢英国的所谓“形而上学诗”。在中国，我喜欢的是六朝骈文，唐代的李义山、李贺，宋代的姜白石、吴文英，都是唯美的，讲求辞藻华丽的。这个嗜好至今仍在。

在这 4 年期间，我同吴雨僧（宓）先生接触比较多。他主编天津《大公报》的一个副刊，我有时候写点书评之类的文章给他发表。我曾到燕京大学夜访郑振铎先生，同叶公超先生也有接触，他教我们英文，喜欢英国散文，正投我所好。我写散文，也翻译散文。曾有一篇《年》发表在与叶有关的《学文》

上，受到他的鼓励，也碰过他的钉子。我常常同几个同班访问雨僧先生的藤影荷声之馆。有名的水木清华之匾就挂在工字厅后面。我也曾在月夜绕过工字厅走到学校西部的荷塘小径上散步，亲自领略朱自清先生《荷塘月色》描绘的那种如梦如幻的仙境。

我在清华时就已开始对梵文发生兴趣。旁听陈寅恪先生的佛经翻译文学更加深了我的兴趣。但由于当时没有人教梵文，所以空有这个愿望而不能实现。1935 年深秋，我到了德国哥廷根，才开始从瓦尔德施米特（Waldschmidt）教授学习梵文和巴利文。后又从西克（E.Sieg）教授学习吠陀和吐火罗文。梵文文学作品只在授课时作为语言教材来学习。二次世界大战爆发，瓦尔德施米特被征从军，西克以耄耋之年出来代他授课。这位年老的老师亲切和蔼，恨不能把自己的一切学问和盘托出来，交给我这个异域的青年。他先后教了我吠陀、《大疏》、吐火罗语。在文学方面，他教了我比较困难的檀丁的《十王子传》。这一部用艺术诗写成的小说实在非常古怪。开头一个复合词长达三行，把一个需要一章来描写的场面细致地描绘出来了。我回国以后之所以翻译《十王子传》，基因就是这样形成的。当时我主要是研究混合梵文，没有余暇来搞梵文文学，好像是也没有兴趣。在德国十年，没有翻译过一篇梵文文学著作，也没有写过一篇论梵文文学的文章。现在回想起来，也似乎从来没有想到要研究梵文文学。我的兴趣完完全全转移到语言方面，转移到吐火罗文方面去了。

1946年回国，我到北大来工作。我兴趣最大、用力最勤的佛教梵文和吐火罗文的研究，由于缺少起码的资料，已无法进行。我当时有一句口号，叫做："有多大碗，吃多少饭。"意思是说，国内有什么资料，我就做什么研究工作。巧妇难为无米之炊。不管我多么不甘心，也只能这样了。我就是在这种情况下来翻译文学作品的。解放初期，我翻译了德国女小说家安娜·西格斯的短篇小说。西格斯的小说，我非常喜欢。她以女性特有的异常细致的笔触，描绘反法西斯的斗争，实在是优秀的短篇小说家。以后我又翻译了迦梨陀娑的《沙恭达罗》和《优哩婆湿》，翻译了《五卷书》和一些零零碎碎的《佛本生故事》等。直至此时，我还并没有立志专门研究外国文学。我用力最勤的还是中印文化关系史和印度佛教史。我努力看书，积累资料。50年代，我曾想写一部《唐代中印关系史》，提纲都已写成，可惜因循未果。"十年浩劫"中，资料被抄，丢了一些，还留下了一些，我已兴趣索然了。在浩劫之后，我自忖已被打倒在地，命运是永世不得翻身。但我又不甘心无所事事，白白浪费人民的小米，想找一件能占住自己的身心而又能旷日持久的翻译工作，从来也没想到出版问题。我选择的结果就是印度大史诗《罗摩衍那》。大概从1973年开始，在看门房、守电话之余，着手翻译。我一定要译文押韵。但有时候找一个适当的韵脚又异常困难，我就坐在门房里，看着外面来来往往的人，大半都不认识，只见眼前人影历乱，我脑筋里却想的是韵脚。下班时要走 40 分钟才能到家，路上我仍搜索枯肠，寻求韵脚，以此自乐，实不足为外人道也。

上面我谈了 60 年来我和外国文学打交道的经过。原来不知从何处谈起，可是一谈，竟然也谈出了不少的东西。记得什么人说过，只要塞给你一支笔、几张纸，出上一个题目，你必然能写出东西来。我现在竟成了佐证。可是要说写得好，那可就不见得了。

究竟怎样评价我这 60 年中对外国文学的兴趣和所表现出来的成绩呢？我现在谈一谈别人的评价。1980 年，我访问联邦德国，同分别了将近 40 年的老师瓦尔德施米特教授会面，心中的喜悦之情可以想见。那时期，我翻译的《罗摩衍那》才出了一本。我就带了去送给老师。我万没有想到，他板起脸来，很严肃地说："我们是搞佛教研究的，你怎么弄起这个来了！"我了解老师的心情，他是希望我在佛教研究方面能多做出些成绩。但是他哪里能了解我的处境呢？我一无情报，二无资料，我是不得已而为之的。只是到了最近五六年，我两次访问联邦德国，两次访问日本，同外国的渠道逐渐打通，同外国同行通信、互赠著作，才有了一些条件，从事我那有关原始佛教语言的研究，然而人已垂垂老矣。

前几天，我刚从日本回来。在东京时，以东京大学名誉教授中村元博士为首的一些日本学者为我布置了一次演讲会。

我讲的题目是《和平与文化》。在致开幕词时，中村元把我送给他的八大本汉译《罗摩衍那》提到会上，向大家展示。他大肆吹嘘了一通，说什么世界名著《罗摩衍那》外文译本完整的，在过去一百多年内只有英文，汉文译本是第二个全译本，有重要意义。日本、美国、苏联等国都有人在翻译，汉译本对日本译本会有极大的鼓励作用和参考作用。

中村元教授同瓦尔德施米特教授的评价完全相反。但是我绝不由于瓦尔德施米特的评价而沮丧，也绝不由于中村元的评价而发昏。我认识到翻译这本书的价值，也认识到自己工作的不足。由于别的研究工作过多，今后这样大规模的翻译工作大概不会再干了。难道我和外国文学的缘分就从此终结了吗？绝不是的。我目前考虑的有两件工作：一件是翻译一点《梨俱吠陀》的抒情诗，这方面的介绍还很不够。二是读一点古代印度文艺理论的书。我深知外国文学在我们国家精神文明建设中的重要性，也深知我们研究的深度和广度都有待于大大地提高。不管我其他工作多么多，我的兴趣多么杂，我绝不会离开外国文学这一块阵地的，永远也不会离开。

1986 年

# 在印度文学院授予名誉院士学衔仪式上的演说

尊敬的印度文学院院长罗摩坎达·罗特先生阁下，

尊敬的印度驻华大使南威哲先生阁下，

尊敬的印度朋友们，

尊敬的北京大学副校长何芳川先生，

尊敬的北京大学外国语学院院长胡家峦先生，

女士们，先生们：

首先，我要衷心感谢尊敬的印度文学院院长罗摩坎达·罗特先生和印度文学院。

世界知名的文学机构印度文学院，授予我名誉院士学衔，在我的确是一大喜事，也是一大荣誉。这是印度人民对中国人民的友谊的标志或象征。我认为，这一崇高荣誉不能仅仅属于我一个人，而应当属于所有从事印度研究的中国学者。其中有些人现在就在座。他们应当与我分享这一荣誉。

众所周知，自远古以来，中国和印度就一直是好邻邦和好朋友。甚至在先秦时期，即在东周时期，我们已经能够在诸如《战国策》和《国语》这样一些中国典籍中，主要是在神话和寓言中，找到印度影响的一些蛛丝马迹。在屈原的诗歌中，特别是在《天问》中，我们也可以发现印度的一些影响，主要是神话方面的影响。在天文学中，我们也可以找到中国和印度的相互影响。中国的著名发明，如造纸术、印刷术、火药、指南针等等，从中国传到包括印度在内的其他国家。中国的纸和丝以及丝织品，经由丝绸之路从中国传到印度。与此同时，中国南方的海上丝绸之路也是功不可没的。在佛教从印度传入中国后，在近2000年的岁月中，印度文化源源不断地涌入中国。在各种不同学术领域中，都可以发现印度的影响。佛教在中国人民中风行起来。一言以蔽之，中印之间的文化交流有着十分悠久的历史，而这种交流促进了我们两国的社会进步，加强了我们的友谊，并给两国带来了福祉。在人类历史上，这是一个在任何别的地方都不曾发现的绝无仅有的例证。

我是在德国开始印度学研究的。最初，我的专门学科是所谓的混合梵语，即梵语、巴利语和俗语形成的一种混合语言。我用德语撰写了几篇长文，发表在《哥廷根科学院院刊》上。在我返回中国后，由于缺乏资料，可以说我是被迫改变了自己的专业。我开始做一些中印文化交流史方面的研究工作。嗣后，我开始将印度古典文学名著如迦梨陀娑的《沙恭达罗》和《优哩婆湿》《五卷书》以及一些佛本生故事从梵文和巴利文译成中文。所有这些翻译作品都受到了中国读者的欢迎和喜爱。《沙恭达罗》曾被数度搬上中国舞台。不过，我的贡献毕竟微不足道。

现在，我们正处于世纪之末。明年，我们将迎来一个新的世纪，乃至一个新的千纪。万象都将更新。可惜，我行年已经八十有八，我不能再继续做很多有意义的工作了。然而，我一点也不心灰意冷。我记得三国时期著名的军事家和诗人曹操写的一首著名的诗，其中几行如下：

> 老骥伏枥，志在千里；
> 烈士暮年，壮心不已。

我将这几行诗当作座右铭并照其行事。我衷心希望，中国人民和印度人民一如既往地继续保持传统友谊并一如既往地继续进行文化交流。我们两个伟大民族的友谊与合作将促进世界和平，而世界和平能够造福人类。

谢谢你们耐心地听我讲话。

1997 年 7 月 5 日